项目财务评估

涂必胜 编著

浙江工商大学出版社 杭州
ZHEJIANG GONGSHANG UNIVERSITY PRESS

图书在版编目(CIP)数据

项目财务评估 / 涂必胜编著. —杭州:浙江工商大学
出版社,2019.3(2021.1重印)

ISBN 978-7-5178-3155-6

Ⅰ. ①项… Ⅱ. ①涂… Ⅲ. ①投资项目—财务管理
Ⅳ. ①F275

中国版本图书馆 CIP 数据核字(2019)第029786号

项目财务评估
XIANGMU CAIWU PINGGU

涂必胜 编著

责任编辑	郑 建
封面设计	林朦朦
责任印制	包建辉
出版发行	浙江工商大学出版社
	(杭州市教工路198号 邮政编码310012)
	(E-mail:zjgsupress@163.com)
	(网址:http://www.zjgsupress.com)
	电话:0571-88904980,88831806(传真)
排 版	杭州朝曦图文设计有限公司
印 刷	广东虎彩云印刷有限公司绍兴分公司
开 本	880mm×1230mm 1/32
总 印 张	7.875
字 数	189千字
版 印 次	2019年3月第1版 2021年1月第2次印刷
书 号	ISBN 978-7-5178-3155-6
定 价	35.00元

本教材是以下项目的成果：

· 浙江省特色国际化高校建设成果（项目编号：2016TSGJ0103）
· 浙江省示范性中外合作办学项目建设成果（项目编号：2017HZSF0105）
· 浙江工商大学高教项目"网网交互作用视角下中外合作办学项目培养模式创新研究：以MPM为例"建设成果（项目编号：XGY17055）
· 浙江工商大学MBA学院项目管理与组织战略研究所研究成果（项目编号：2018XMZZ0102）

前 言

　　所谓项目管理,就是项目的管理者,在有限的资源约束下,运用系统的观点、方法和理论,对项目涉及的全部工作进行有效的管理。即从项目的投资决策开始到项目结束的全过程进行计划、组织、指挥、协调、控制和评价,以实现项目的目标。

　　项目管理是第二次世界大战后发展起来的重大新管理技术之一,最早起源于美国。有代表性的项目管理技术,有关键路径法(Critical Path Method,简称CPM)、计划评审技术(Program Evaluation and Review Technique,简称PERT)、甘特图(Gantt chart)等。

　　20世纪60年代,项目管理的应用范围只局限于建筑、国防和航天等少数领域,但因为项目管理在美国的阿波罗登月计划中取得巨大成功,由此风靡全球。国际上许多人开始对项目管理产生了浓厚的兴趣,并逐渐形成了两大项目管理的研究体系,一是以欧洲为首的体系——国际项目管理协会(International Project Management Association,简称IPMA);二是以美国为首的体系——美国项目管理协会(Project Management Institute,简称PMI)。在过去的40多年中,他们的工作卓有成效,为推动国际项目管理现代化发挥了积极的作用。

　　加拿大魁北克大学是全球最早通过PMI认证的具有项目管理硕士学位授予权的学校,其在项目管理的教学和科研上均处于领先地位。

2003年,浙江工商大学获准与加拿大魁北克大学合作开展项目管理硕士(Master of Project Management,简称MPM)项目。该项目在2006年经教育部复核通过,2013年通过教育部中外合作办学评估,2016年通过延期申报审核,2017年被选为浙江省示范性中外合作办学候选项目。该项目旨在培养一批掌握市场经济规律,熟悉国际项目运作规则,对不同规模项目能够进行全过程有效管理的项目管理专家。我校MPM项目获批并成功运营至今已有15年,已培养1200多名合格的MPM毕业生,在国内外均取得好评。

项目财务评估是在国家现行的财务税收制度和价格体系下,运用一定的方法或模型,分析研究项目运作中的财务状况,估算项目投入成本和费用、项目最终可获得的综合收益,来考查判断项目的盈利能力、偿债能力、资金平衡能力和抗风险能力,最终给出投资项目在财务上是否可行的结论,供投资决策者进行决策。对于一个项目,无论是前期可行性研究还是后期的再评价,都离不开项目的财务评估。项目财务评估是项目管理硕士的主要课程之一。

2005年,本人开始承担我校MPM项目的"项目财务评估(Project Financial Evaluation)"教学科研工作。由于我国的项目管理专业,不管是本科还是研究生,一般都不单独开设项目财务评估这门课,它只是项目评估的某一章内容,这门课在国内找不到对应的教材。出于教学需要,2005年本人根据魁北克大学提供的英文版项目财务评估讲义,结合中国国情编写了《项目财务评估讲义》,在我校的MPM教学中使用。在十几年的教学过程中,与学员、行家相互交流,共同探讨,加深了本人对项目财务评估整个理论体系的理解,也使得本人的实际经验得到了升华。本书在内容上不仅紧密追踪项目财务评估的最新进展,而且融入了作者本人的许多心得体会。

　　感谢浙江工商大学MBA学院资助出版,感谢浙江工商大学出版社的编辑为此书的出版付出的努力。

　　由于工作需要,最近十几年本人虽一直关注项目财务评估的理论与实践,但因为个人经验和认知有限,书中难免有不妥之处。希望通过此书能够和大家建立起一个相互沟通的渠道,本人的Email地址是:tbs0070@126.com。欢迎大家多提宝贵意见,谢谢!

涂必胜

2018年12月

C目 录
ontents

◆第四章　资本成本

◆第五章　项目财务评估一般分析

◆第六章　确定性状态下的项目财务评估

◆第七章　风险状态下的项目财务评估

◆ **第八章 固定资产更新的财务评估**

◆ **参考文献 / 229**

◆ **附表 / 231**

第一章 概述

第一节 项目评估概述

一、项目评估的含义

项目是一件事情或一项任务，也可以理解为是在一定的时间和一定的预算内所要达到的预期目的。项目侧重于过程，它是一个动态的概念。通常情况下，我们可以把项目的运作过程看作一定的物流、信息流和资金流的运动和转化过程。在不同的视角下，项目的运行表现不同。从物质形态上看，项目运行表现为原材料、机器设备及产品等的投入和产出，是投入一系列的物质产品，产出具体的物质产品过程。从货币形态上看，项目运行表现为一定量的资金流动，是从开始时项目资金的垫付到项目建成后资金回收和增值的资金转化过程。

项目评估是在20世纪70年代末，伴随着项目可行性研究引进到我国的。虽然项目评估在国内有着许多不同的名称，如项目评价、项目评审、项目审查或项目可行性研究等等，但是这些都是从某个角度出发或强调某个方面的叫法而已。

项目评估的概念有狭义、广义之分。狭义的项目评估是指对于一个投资项目经济特性的评价和审定,即按照给定的项目目标去权衡项目的经济得失并给出相应结论的一种工作。广义的项目评估是指在项目决策与实施活动过程中所开展的一系列分析与评价活动,一般分为项目前评估、项目跟踪评估和项目后评估三个阶段。其中项目前评估是指投资项目决策阶段对其必要性、技术可行性、经济合理性、环境可行性和运行条件可行性等方面进行的全面系统的分析与论证工作,目的是为投资项目决策提供依据,它是项目评估中最重要的一个部分,项目前评估也有人简单地称之为项目可行性研究;项目跟踪评估是指在投资项目实施过程中对项目实施情况和未来发展所进行的跟踪评估,目的是对项目实际进展进行监督和跟踪检查,从而确保项目最终能够取得最佳的效益和效果;项目后评估是指在投资项目完成以后一段时间里对项目进行的评估,目的是对项目前评估及其实施过程相关决策的正确性做出评估,从而总结项目投资的经验教训,修订今后的项目投资决策准则和政策。

二、项目评估的发展历程

项目评估作为一个专门的学科或者学科领域,最早起源于西方发达国家,然后在世界范围内得到广泛应用和推广并收到了很好的效果。项目评估的发展主要经历了三个阶段。

(一)初创阶段

在20世纪30年代,世界经济大萧条过后,一些西方发达国家的政府开始实行各类新的经济政策,如加大公共投资项目、兴办基础设施与公共工程等,正是在这些政府投资项目实施的过程中,产生了项目评估的最初原理和方法。

（二）形成阶段

现代项目评估的系统方法形成于20世纪60年代末期。1968年，英国牛津大学的里特尔教授和米尔里斯教授合作出版的《发展中国家工业项目分析手册》，首次系统地阐述了项目评估的基本原理和方法。1975年，由世界银行经济专家恩夸尔等共同编著出版的《项目经济分析》，对项目评估的程序和方法做了系统的论述。1980年，联合国工业发展组织与阿拉伯工业发展中心联合编著《工业项目评价手册》。这些著作的出版标志着项目评估的理论与方法在不断地成熟和发展并被广泛地应用。

（三）推广阶段

进入20世纪80年代之后，人类社会进入了知识经济和信息时代，各种以投资项目形式出现的开发与创新活动越来越多，使得项目评估工作越来越受到各国政府和企业的重视，从而使其在全世界尤其是发展中国家，获得了极大的推广和应用。

我国的项目评估大约从20世纪50年代末开始，也大致经历了上述三个阶段。最初是20世纪50年代末开始的引进阶段，当时主要是学习苏联的各种计划经济体制下的项目评估方法，到了20世纪60年代初，我国将项目评估正式列入我国科学发展规划。在20世纪70年代末期，我国开始实行改革开放政策，项目评估工作受到国家和企业的极大重视。近年来，我国在建立和完善市场经济体系的过程中，逐步形成了多元化的投资体制格局，投资者的资源稀缺意识和市场风险意识逐步增强，投资项目的决策趋于理性化，项目评估得到了更大的发展。

三、项目评估的内容

项目评估的基本内容包括两个不同的分类，第一种分类是按照项目的时间进度划分的,是在项目的不同阶段开展的项目评估;第二种分类是按照项目涉及的主要条件和制约因素划分的,是对不同项目投资条件和投资情况所做的评估。

(一)第一种分类的项目评估内容

按照第一种分类,可以将项目评估分为项目前评估、项目跟踪评估和项目后评估三个阶段的内容。

(1)项目前评估的主要内容包括组织发展战略评估、项目的机遇研究、项目的必要性研究、项目可行性研究和项目备选方案的比较研究。

(2)项目跟踪评估的主要内容有项目实施情况的评估、项目环境变化的评估、项目未来发展的预测、项目必要性的跟踪评估和项目可行性的跟踪评估。

(3)项目后评估的主要内容为项目实际情况的评估和未来预测、项目前评估的检验评价。

(二)第二种分类的项目评估内容

按照第二种分类,可以将项目评估分为项目单项评估和项目综合评估两个方面的内容。不管是项目前评估、项目跟踪评估还是项目后评估,只要是项目评估就包括这两个方面的内容。

(1)项目综合评估是对投资项目各方面专项评估内容所做的汇总性和综合性的全面评价。这种评估是采用相应的方法对投资项目专项评估结果进行综合与集成,其中使用最多的方法是连加性的权重法、连乘性的权重法和层次分析法等。

(2)项目单项评估的主要内容包括项目财务评估、项目技术评估、项目风险评估、项目国民经济评估等。另外还有项目运行条件评估、项目投资环境影响评估等单项评估内容。其中项目财务评估和项目国民经济评估共同构成项目经济评估。

四、项目评估的程序

项目评估程序是指开展项目评估工作应当依次经过的步骤。不同类型的项目,涉及面不同,因而对其进行评估的程序也不完全一致。就一般而言,项目评估程序大致如下。

(一)准备和组织

对拟建项目进行评估,首先要确定评估人员,成立评估小组。评估小组的人才结构要合理,一般可包括财务人员、市场分析人员,专业技术人员、土木工程人员和其他辅助人员。组成评估小组以后,组织评估人员对可行性研究报告进行审查和分析,并提出审查意见,要求每个评估人员都要了解项目的全貌,但可依据各自的分工,各有侧重。最后,综合各评估人员的审查意见,编写评估报告提纲。

(二)整理数据和编写评估报告初稿

根据评估报告的内容,由评估小组负责人做明确的分工,各自分头工作,包括数据调查、估算、分析以及指标的计算等。数据调查和分析的重点在于对可行性研究的审查中所提出的问题。评估人员可以与编制可行性研究报告的单位交换意见,也可以与建设单位或其主管部门交换意见,还可以从其他有关部门进行充分的了解。在对搜集到的资料进行整理以后,进行审核和分析。在基本掌握所需要的数据以后即进入评估报告的编写阶段。报告的编写要求各个评估人员进行很好的衔接,因为评估报告的内容都是有联系的。一般地,先有项目和企业的概况分析、市场分析、建设生产条件和技术评估,然后再进行有关财务数据的估算,计算有关评价指标,进行财务效益分析、国民经济效益分析和不确定性分析,最后是总评估,包括问题和建议。在实践中,分析和论证不是一次完成的,可能要经过多次反复才能完成,特别是对一些大型项目或数据不易取得的项目。这一阶段是项目评估的关键,一定要充分掌握数据,并力争数据的准确和客观。计算指标的方法一定要科学合理,不能随心所欲,并且不同的项目特点要选用有侧重点的方法和指标体系。

(三)论证与修改

编写出项目评估报告的初稿以后,首先要由评估小组成员进行分析和论证。其形式是:各成员介绍各自负责的部分,大家一起讨论,提出修改意见。对于评估报告,要注意前后的一致性,提出的每一个问题,要有充分的依据。根据所提意见进行修改以后方可定稿。有些评估机构,以这一阶段的定稿作为最终的评估报告报决策部门或金融机构的信贷部门。有些评估机构,在这一阶段定稿的基础上召开专家论证会,由各方面的专家再提出修改意见,然后才最后定稿。

第二节 项目财务评估概述

一、项目财务评估的概念

一个项目的运作过程从货币形态上,主要表现于从资金的支付到最后资金的回收和增值,项目运行表现为一定量的资金流动。对一个项目的财务评估,就是对项目中涉及现金流动的项目成本和收益状况进行预测、评价。因此,项目财务评估可定义为在国家现行的财务税收制度和价格体系下,运用一定方法或模型,分析研究项目运作中的财务状况,估算项目投入成本和费用、项目最终可获得的综合收益,来考查判断项目的盈利能力、偿债能力、资金平衡能力和抗风险能力,最终给出投资项目在财务上是否可行的结论,供投资决策者进行决策。

对于一个项目,无论是前期可行性研究还是后期的再评价,都离不开项目的财务评估,即要从项目投资人的角度去考虑项目的成本与收益,所以任何一个项目都必须进行财务评估。

二、项目财务评估的作用

通常情况下,项目业主或项目发起人是项目风险投资后果的直接承担者。项目评估就是为了减少项目风险投资的不良后果,从项目业主或项目发起人的角度考察项目的盈利能力,为项目承担者提供科学的、强大的信息支持,为其项目决策提供理论依据。同时,项目评估工作也要兼顾项目相关利益主体各方的利益要求,不能损害任何一方的利益。鉴于上述因素,项目财务评估的作用主要体现在以下三个方面。

(1)项目财务评估能反映项目的投资状况、盈利能力和债务偿还能力,既能够判明企业投资所获得的收益又能够体现投资人投入资金的安全可行性,而且能够为投资者(所有者和债权人)的投资决策提供信息支持和保障。

(2)项目财务评估为项目的成本管理提供信息和数据,这些信息和数据包括项目所需的投资规模、用款的计划安排与筹款的方案等,而这些数据分析都是财务评估的重要内容,可以作为项目财务评估的一个重要数据参考。

(3)项目财务评估能分析和确定项目投资的风险及其应对措施。任何项目都会有一定的财务风险,任何项目都不可能完全避免财务风险,这些风险包括项目风险成本和项目风险收益,可通过项目财务评估来分析确定和评价这些项目风险成本和项目风险收益。

三、项目财务评估的原则

项目财务评估是投资决策的重要依据,必须保证项目财务评估结论的客观。项目财务评估过程中应遵循以下原则,以保证结论的客观性。

(一)系统性原则

通常情况下,在进行项目分析投资相关的财务数据估计和演算时,会把项目的生产成本、投资人的投资额、相关费用等与实际利润、现金流入量和现金流出量、营业收入、营业成本、企业所得税等内容看成一个整体的有机体系。在进行项目财务评估时,既要考虑投资项目各阶段内容不尽相同的情况,又要充分注重投资项目各个阶段之间的内在联系,找出其各个阶段内在的共同规律。从项目的全面性、系统性的角度出发,对财务决策评价及分析所涉及的相关数据进行较为准确的估计和预测,建立一个完整的项目财务评估体系。

(二)科学性原则

项目财务评估本质上是通过一系列的财务数据和相关方法的论证,得出项目在财务上的可行性结论。这种论证应该依据相关理论和计算原理,选取科学、合理的指标体系,并通过科学、合理的过程来确保结论的正确性和有效性。在整个项目财务评估的过程中,科学性是充分必要条件,只有坚持了科学性,项目财务评估得出的结论才能对项目的建设提供帮助。

(三)客观性原则

财务数据作为项目财务评估的基础,直接关系到项目财务评估的科学性、严谨性和正确性,对项目财务评估有着重要的意义。因此,我们在进行财务数据估算时务必要做到既科学、严肃,又尽可能保证财务数据资料真实可靠。同时,在进行财务指标的预测和分析时,既要本着实事求是的精神,真实地反映项目的客观情况,防止财务评估工作者预测的主观性和片面性,又要充分把握项目重要基础财务数据及财务评估参数的变动趋势和影响因素。要学会从不同的方位、角度或层次来观察、分析和核实相关财务数据资料,运用定性和定量分析相结合的方法,尽可能保证各项基础财务数据及得到的财务评估指标客观、真实、准确。

(四)一致性原则

在项目财务评估中,不同的计算方法和计算依据会得出不同的财务数据结果,使得最终的财务评估分析也大相径庭。如果项目财务评估的预测方法和依据与企业现行的财务实务口径不一致,则在此财务数据基础上预测的指标就失去现实意义,由此所做出的项目投资财务评估结果自然与现实情况不相符。因此,在收集项目的预测成本、费用、收入等方面数据资料时,应按项目的实际情况,采取与投资人的财务实务一致的处理方法和程序,只有这样才能保证不同时期项目的财务数据资料一致。只有做到财务信息前后可比,才能保证预测和决策的信息资料更加具有实效性和有用性,才能保证财务评估更真实准确。

(五)谨慎性原则

在项目环境中存在较多不确定因素和风险,项目财务数据确认应运用谨慎的判断和稳妥的方法进行,以免项目可行性结论反映的项目财务信息引起投资决策者的盲目乐观。

四、项目财务评估的步骤

项目财务评估就是对项目投资状况、财务指标、财务风险进行定量和定性分析计算的过程,主要是通过对拟投资项目的投资和财务成本费用的确定,并结合一定的计算模型和预测方法进一步获得各项财务数据,通过对这些数据的整理和分析,根据社会或行业财务标准,判断项目可行与否。因此,项目财务评估主要是定量分析和定性分析相结合但以定量分析为主的过程。项目财务评估步骤具体包括以下内容。

(一)项目财务数据的收集阶段

根据项目财务评估的需要,根据国家现行的财务税收政策、项目财务评估要求,收集项目财务评估需要的各项参数和数据。在项目投资前期还需对项目进行市场调研,分析判断项目市场定位、项目产品市场竞争状况、同类产品的定价水平等。只有对市场进行充分的调研分析,才能为财务评估提供基础的决策信息。

(二)项目财务数据估算预测

项目财务评估是对拟投资项目整体经济状况的事前估测预算。这一过程主要是根据收集到的前期数据、财税制度规定和项目相关定额标准,预测估算项目固定资产投资额度、流动资金投资额度,根据设计产量与市场调查情况,确定项目产品销量、售价,预测计算项目产品收入、税金,同时确定项目产品成本。

(三)编制基本财务报表

根据国家相关的财税要求、财务评估要求,对预测估算的项目财务数据进行汇总、整理,将以上数据通过报表的方式联系起来,便于调整和判断分析。项目财务评估用到的财务报表根据作用不同,可分为基本财务报表和辅助计算财务报表。基本财务报表主要包括项目资金来源与运用表(也称项目资金平衡表)、项目利润表、项目负债与偿还表、项目现金流量表等。项目评估辅助用表,是对主表数据的计算和补充,如项目成本费用核算表等。

(四)财务评价指标的计算和对项目财务的可行性判断

运用上一步编制的项目基本财务报表和相关数据,计算出项目财务评价所需的各种财务指标,将计算得出的财务指标分别与对应的财务评价基准值或社会合理值进行比较,以此判断项目在财务上是否可行。

(五)给出项目财务评估结论

项目财务评估的最终目的是判断拟投资项目在财务上是否可行。根据以上步骤评估分析结果,给出项目最终财务评估结论,形成报告,为决策者提供决策依据。财务评估报告是项目整体可行性的重要组成部分。

复习思考题

1. 如何理解项目评估与项目财务评估的关系?
2. 如何理解项目财务评估的作用?
3. 如何理解项目财务评估的原则?
4. 项目财务评估一般有哪些步骤?

第二章　项目财务评估基础

第一节　货币时间价值

一、货币时间价值概述

货币时间价值,是指一定量的货币在不同时点上价值量的差额。如果现在存入银行100元,假设存款年利率为2%,则一年后将变成102元。时间的原因导致100元产生了2元的增值,这2元就是100元在一年时间里产生的时间价值。

货币在不同时点上具有不同的价值,随着时间的推移,货币能产生增值,这说明了货币时间价值的客观存在。但是,并非只要是货币就存在时间价值,如将纸币藏在保险箱里,不管放多长时间都不会有任何价值的增加。只有将货币作为资金投入生产经营活动中才能产生时间价值,即货币时间价值产生于货币的周转过程。

为什么货币在周转过程中会产生时间价值? 这是因为货币使用者把货币作为资金投入生产经营以后,劳动者借以生产新的产品,创造新的价值,带来利润,实现增值。周转使用的时间越长,所获得的利润越多,实现的增值越大。所以,货币时间价值的实质是货币周转使用后的增值额。如果货币是货币使用者从货币所有者那里借来的,则货币所有者要分享一部分货币的增值额。

货币时间价值可以有两种表示方式:用绝对数表示,即货币时间价值额,是指货币在生产经营过程中产生的增值额;用相对数表示,即货币时间价值率,是指不包括风险收益和通货膨胀因素的平均投资利润率或平均投资报酬率。货币时间价值的两种表示方式,在实际工作中并不做严格区分,通常用相对数——货币时间价值率表示。

货币时间价值代表的是没有投资风险收益和通货膨胀因素的投资报酬率。银行存款利率、贷款利率、各种债券利率、股票的股利率都可以看作投资报酬率,但它们同货币时间价值是有区别的。因为这些报酬率除了包含货币时间价值因素外,还包含了通货膨胀因素和投资风险收益。

总之,货币时间价值是企业投资利润率的最低限,是衡量企业经济效益、考核经营业绩的重要依据。同时,货币时间价值揭示了不同时点上货币之间的换算关系,因而它是企业进行筹资决策和投资决策所必不可少的计量手段。

二、货币时间价值的计算

为了计算货币时间价值,需要引入"终值"和"现值"这两个概念,以表示不同时点的货币价值。终值是指现在的一定量货币在将来某一时点的价值,包括本金和时间价值,即"本利和";现值是指将来某一时点的一定量货币相对于现在的价值,即未来值扣除时间价值后所剩的"本金"。同时,为了方便起见,假定货币的流入或流出都是在某一时期(通常为1年)的起始或终了时进行。

(一)单利的计算

1. 单利终值

单利终值是指现在一定量货币在若干期后按单利法计算利息的

本利和。单利法是指只有本金计算利息,每期产生的利息都不能与本金一起计算下一期的利息,即利息不再生息。如我国银行存款就是按单利法计算利息的。

单利终值的计算公式为

$$F = P + p \cdot i \cdot n = P \cdot (1 + i \cdot n) \tag{2-1}$$

式(2-1)中:P 为现值(或本金);i 为利率(一般指年利率);n 为计息期数;F 为 n 期后的终值。

单利终值计算公式的推导过程如下:

每期利息为 $P \cdot i$

n 期后的总利息为 $P \cdot i \cdot n$

由此可以得出 n 期后的本利和为 $P + P \cdot i \cdot n = P \cdot (1 + i \cdot n)$

【例2-1】某企业将10万元存入银行,假设年利率为5%,则5年后的单利终值为

$$F = 10 \times (1 + 5\% \times 5) = 12.5 (万元)$$

2. 单利现值

单利现值是指以后某一时间收到或付出的货币按单利法倒求的现在价值(即本金)。由终值求现值称为折现,折现的利率称为折现率。

单利现值的计算公式可从单利终值的计算公式推导得出:

$$P = F \cdot \frac{1}{(1 + i \cdot n)} \tag{2-2}$$

式(2-2)中:P 为现值;F 为 n 期后收到或付出的货币量(终值);i 为折现率;n 为折现期数。

【例2-2】某企业希望5年后能从银行提取10万元,在年利率为5%的情况下,现在就应该存入银行的本金为

$$P = 10 \times \frac{1}{(1 + 5\% \times 5)} = 8 (万元)$$

（二）复利的计算

复利是指每期产生的利息并入本金一起参与计算下一期利息的计息方法。按照这种方法，要将所生利息加入本金再计利息，逐期滚算，俗称"利滚利"。

1. 复利终值

复利终值是指现在一定量货币在若干期后按复利法计算利息的本利和。复利终值的计算公式为

$$F = P(1+i)^n \qquad (2-3)$$

式（2-3）中：F 为 n 期后的终值；P 为本金；i 为利率；n 为计息期数。

复利终值计算公式的推导过程如下：

第 1 期后的终值为 $P + P \cdot i = P \cdot (1+i)$

第 2 期后的终值为 $P \cdot (1+i) + P \cdot (1+i) \cdot i = P \cdot (1+i)^2$

……

第 n 期后的终值为 $P \cdot (1+i)^n$

【例 2-3】某企业现在将 10 万元存入银行，若年利率为 5%，按复利法计息，则 5 年后的复利终值为

$$F = 10 \times (1+5\%)^5 = 12.76(万元)$$

复利终值计算公式中的 $(1+i)^n$ 称为复利终值系数，或称为 1 元的复利终值，用 $(F/P, i, n)$ 表示。因此，复利终值的计算公式又可表示为

$$F = P \cdot (F/P, i, n) \qquad (2-4)$$

为了简化和加速计算，事先可以编制复利终值系数表（见本书附表一），该表的第一行是利率 i，第一列是计息期 n，相应的 $(1+i)^n$ 值在其纵横相交处。通过查复利终值系数表的方法得到相应的复利终值系数。例如，$(F/P, 5\%, 5)$ 表示利率为 5% 的 5 期复利终值的系数。

如【例 2-3】查表计算如下：

$$F = 10 \times (F/P,5\%,5) = 10 \times 1.276 = 12.76 (\text{万元})$$

2. 复利现值

复利现值是指以后某一时间收到或付出的货币按复利贴得的现在价值(即本金)。复利现值的计算公式为

$$P = \frac{F}{(1+i)^n} = F \cdot (1+i)^{-n} \qquad (2-5)$$

式(2-5)中:P 为现值;F 为 n 期后收到或付出的货币量(终值);i 为折现率;n 为折现期数。

复利现值计算公式中的 $\dfrac{1}{(1+i)^n}$ 称为复利现值系数,或称为 1 元的复利现值,用 $(P/F,i,n)$ 表示。因此,复利现值的计算公式又可表示为

$$P = F \cdot (P/F,i,n) \qquad (2-6)$$

例如,$(P/F,10\%,5)$ 表示利率为 10% 的 5 期复利现值系数。为了便于计算,事先可编制复利现值系数表(见本书附表二)。该表的使用方法与复利终值系数表的使用方法相同。

【例 2-4】某企业希望 5 年后能从银行提取 10 万元,在年利率为 5% 的情况下,按年复利计息,则现在应该存入银行的本金为

$$P = 10 \times \frac{1}{(1+5\%)^5} = 7.84 (\text{万元})$$

或查复利现值系数表计算如下:

$$P = 10 \times (P/F,10\%,5) = 10 \times 0.784 = 7.84 (\text{万元})$$

(三)年金的计算

年金是指在一定时期内,每期收到或付出的等额款项。年金的"年"是指收到或付出款项的期次,是一种通俗的说法,并非一定是一年,也可以是一个月或者一个季度。年金在日常生活中经常能够遇到,如企业采用平均年限法计算的折旧额、企业每月为职工支付的养

老保险金、各种租金、退休职工的养老金等都以年金的形式出现。根据收款或付款在时间、方式上的不同,年金可以分为普通年金、预付年金、延期年金和永续年金等四种形式。

1. 普通年金终值和现值的计算

普通年金是指在一定时期内,每期期末有等额的收付款项的年金。如收取债券利息、支付借款利息、获取投资净收益等都是在期末发生的,因此,普通年金又称为后付年金。

(1)普通年金终值,是指一定期间内每期期末等额的系列收付款项的复利终值之和。如零存整取的本利和。

假设,每期等额收款或付款额为A,年金期数为n,利率为i,年金终值为F。普通年金终值的计算如图2-1所示。

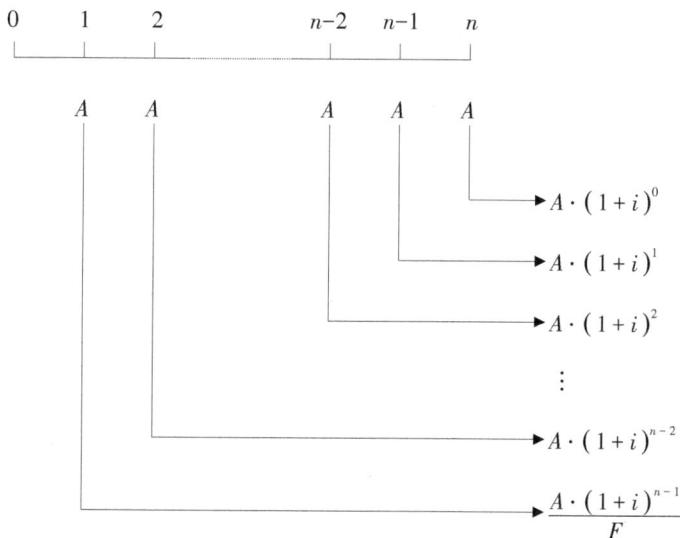

图2-1 普通年金终值的计算过程

由图2-1可知,普通年金终值的计算公式为

$$F = A \cdot (1+i)^{n-1} + A \cdot (1+i)^{n-2} + \cdots\cdots + A \cdot (1+i)^2$$

$$+ A \cdot (1+i)^1 + A \cdot (1+i)^0$$

$$= A \cdot \left[(1+i)^{n-1} + (1+i)^{n-2} + \cdots\cdots + (1+i)^2 + (1+i)^1 \right.$$

$$\left. + (1+i)^0 \right]$$

$$= A \cdot \sum_{t=1}^{n} (1+i)^{t-1} \tag{2-7}$$

式(2-7)中的 $\sum_{t=1}^{n}(1+i)^{t-1}$ 称为年金终值系数,用$(F/A,i,n)$表示。

因此,普通年金终值的计算公式又可表示为

$$F = A \cdot (F/A,i,n) \tag{2-8}$$

为了简化计算,也可事先编制年金终值系数表(见本书附表三),以供查找相应的年金终值系数。年金终值系数也可以按以下公式计算:

$$(F/A,i,n) = \frac{(1+i)^n - 1}{i} \tag{2-9}$$

该公式的推导过程如下:

$$(F/A,i,n) = (1+i)^{n-1} + (1+i)^{n-2} + \cdots\cdots + (1+i)^2$$

$$+ (1+i)^1 + (1+i)^0 \tag{2-9-1}$$

将式(2-9-1)两边同乘$(1+i)$,得:

$$(F/A,i,n) \cdot (1+i) = (1+i)^n + (1+i)^{n-1} + \cdots\cdots + (1+i)^3$$

$$+ (1+i)^2 + (1+i)^1 \tag{2-9-2}$$

两式相减,得:

$$(F/A,i,n) \cdot (1+i) - (F/A,i,n) = (1+i)^n - 1$$

$$(F/A,i,n) \cdot i = (1+i)^n - 1$$

$$\left(F/A,i,n \right) = \frac{\left(1+i \right)^{n} - 1}{i}$$

【例2-5】某企业每年年末存入银行10万元,若年利率为5%,则第5年年末的年金终值为

$$F = 10 \times \left(F/A,i,n \right) = 10 \times 5.525 = 55.25 \left(万元 \right)$$

（2）普通年金现值,是指一定期间内每期期末等额的系列收付款项的复利现值之和。

普通年金现值用P表示。普通年金现值的计算如图2-2所示。

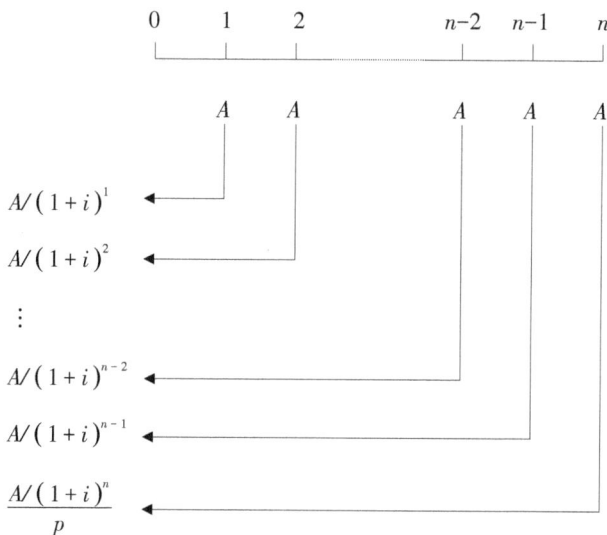

图2-2　普通年金现值的计算过程

由图2-2可知,普通年金现值的计算公式为

$$P = A \cdot \frac{1}{\left(1+i \right)^{1}} + A \cdot \frac{1}{\left(1+i \right)^{2}} + \cdots\cdots + A \cdot \frac{1}{\left(1+i \right)^{n-2}}$$

$$+A \cdot \frac{1}{\left(1+i \right)^{n-1}} + A \cdot \frac{1}{\left(1+i \right)^{n}}$$

$$= A \cdot \sum_{t=1}^{n} \frac{1}{(1+i)^t} \tag{2-10}$$

式(2-10)中的 $\sum_{t=1}^{n} \frac{1}{(1+i)^t}$ 称为年金现值系数,或称为年金折现系数,用 $(P/A, i, n)$ 表示。因此,普通年金现值的计算公式又可表示为

$$P = A \cdot (P/A, i, n)$$

为了简化计算,也可事先编制年金现值系数表(见本书附表四),以供查找相应的年金现值系数。年金现值系数也可以按以下公式计算:

$$(P/A, i, n) = \frac{1 - (1+i)^{-n}}{i} \tag{2-11}$$

该公式的推导过程如下:

$$(P/A, i, n) = \frac{1}{(1+i)^1} + \frac{1}{(1+i)^2} + \cdots\cdots + \frac{1}{(1+i)^{n-2}} + \frac{1}{(1+i)^{n-1}}$$

$$+ \frac{1}{(1+i)^n} \tag{2-11-1}$$

将式(2-11-1)两边同乘 $(1+i)$,得:

$$(P/A, i, n) \cdot (1+i) = 1 + \frac{1}{(1+i)^1} + \cdots\cdots + \frac{1}{(1+i)^{n-3}} + \frac{1}{(1+i)^{n-2}}$$

$$+ \frac{1}{(1+i)^{n-1}} \tag{2-11-2}$$

两式相减,得:

$$(P/A, i, n) \cdot (1+i) - (P/A, i, n) = 1 - \frac{1}{(1+i)^n}$$

$$(P/A, i, n) = \frac{1 - (1+i)^{-n}}{i}$$

【例2-6】某企业希望连续5年的每年年末都能从银行提取10万

元,若年利率为5%,则现在就应该存入银行的本金为

$$P = 10 \times (P/A, 5\%, 5) = 10 \times 4.329 = 43.29 (万元)$$

2. 预付年金终值和现值的计算

预付年金是指在一定时期内,每期期初有等额的收付款项的年金。预付年金与后付年金(普通年金)的区别仅仅在于收付款项的时间不同。由于普通年金是最普遍、最常用的,因此年金终值系数表和年金现值系数表都是按普通年金编制的。可以在普通年金的终值和现值计算公式的基础上,通过适当的调整,利用普通年金系数表来计算预付年金的终值和现值。

(1)预付年金终值,是指一定期间内每期期初等额的系列收付款项的复利终值之和。

n 期预付年金终值和 n 期普通年金终值之间的关系如图 2-3 所示。

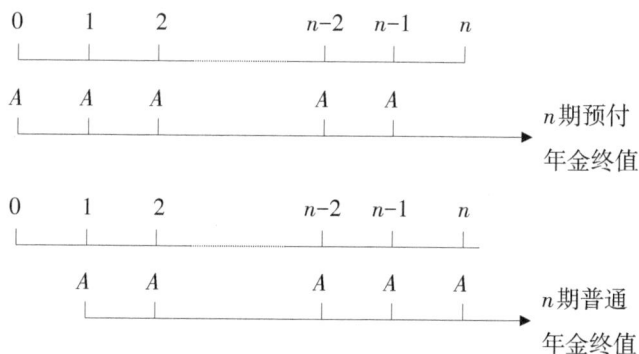

图2-3　n期预付年金终值和n期普通年金终值的关系

从图 2-3 中可以看出,n 期预付年金终值和 n 期普通年金终值的收付款项的期数相同,但因收付款项的时间不同,n 期预付年金的每期款项均比 n 期普通年金的每期款项多计算一次利息,因此,只要将 n

期普通年金终值乘上$(1+i)$,便可求得n期预付年金的终值。预付年金的终值用F表示,则其计算公式为

$$F = A \cdot (F/A, i, n) \cdot (1+i) \tag{2-12}$$

此外,还可以根据n期预付年金终值和$n+1$期普通年金终值之间的关系推导出另一计算公式。n期预付年金终值和$n+1$期普通年金终值之间的关系如图2-4所示。

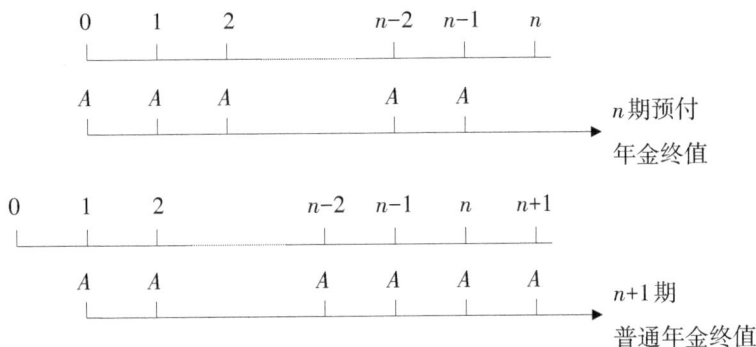

图2-4 n期预付年金终值和$n+1$期普通年金终值的关系

从图2-4中可以看出,n期预付年金终值和$n+1$期普通年金终值的计息期数相同,但收付款项的期数不同,$n+1$期普通年金比n期预付年金多了一期不用计息的款项,因此,只要将$n+1$期普通年金的终值减去这一期不用计息的款项A,便可求得n期预付年金的终值。其计算公式为

$$
\begin{aligned}
F &= A \cdot (F/A, i, n+1) - A \\
&= A \cdot \left[(F/A, i, n+1) - 1 \right]
\end{aligned}
\tag{2-13}
$$

如果把式(2-13)中的$\left[(F/A, i, n+1) - 1 \right]$称为预付年金终值系数,则它同普通年金终值系数相比,是"期数加1、系数减1",可利用普

通年金终值系数表查得$(n+1)$期的值,再减去1而得到。

【例2-7】某企业每年年初都存入银行10万元,若年利率为5%,则第5年年末能取得的本利和为

$$F = 10 \times (F/A, 5\%, 5) \times (1 + 5\%) = 10 \times 5.525 \times 1.05$$

$$= 58.01(万元)$$

$$或 F = 10 \times \left[(F/A, 5\%, 6) - 1 \right] = 10 \times (6.801 - 1) = 58.01(万元)$$

(2)预付年金现值,是指一定期间内每期期初等额的系列收付款项的复利现值之和。

n期预付年金现值与n期普通年金现值之间的关系如图2-5所示。

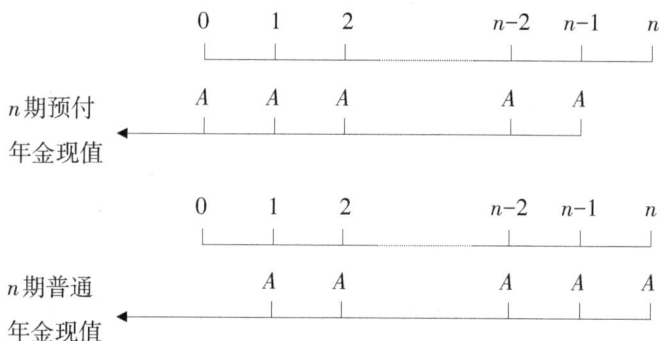

图2-5　n期预付年金现值与n期普通年金现值的关系

从图2-5中可以看出,n期预付年金现值和n期普通年金现值的收付款项的期数相同,但收付款项的时间不同,结果是n期预付年金的每期款项均比n期普通年金的每期款项少折现一期,因此,n期普通年金现值除$\dfrac{1}{(1+i)}$,即乘上$(1+i)$,便可得到n期预付年金的现值。预付年金现值用P表示,则其计算公式为

$$P = A \cdot (P/A, i, n) \cdot (1 + i) \qquad (2\text{-}14)$$

此外, 还可以根据 n 期预付年金现值和 $n-1$ 期普通年金现值之间的关系推导出另一计算公式。n 期预付年金现值和 $n-1$ 期普通年金现值之间的关系如图 2-6 所示。

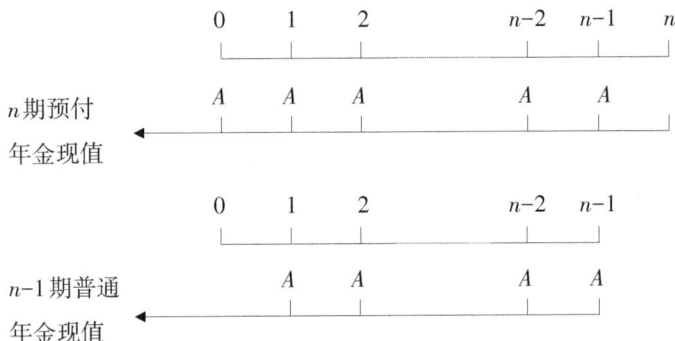

图 2-6　n 期预付年金现值和 $n-1$ 期普通年金现值的关系

从图 2-6 中可以看出, n 期预付年金现值和 $n-1$ 期普通年金现值的折现期数相同, 但收付款项的期数不同, 结果是 n 期预付年金比 $n-1$ 期普通年金多一期不用折现的款项, 因此, 只要将 $n-1$ 期普通年金的现值加这一期不用折现的款项 A, 便可求得 n 期预付年金的现值。其计算公式为

$$\begin{aligned} P &= A \cdot (P/A, i, n - 1) + A \\ &= A \cdot [(P/A, i, n - 1) + 1] \qquad (2\text{-}15) \end{aligned}$$

如果把式 (2-15) 中的 $(P/A, i, n-1)$ 称为预付年金现值系数, 则它同普通年金现值系数相比, 是"期数减 1、系数加 1", 可利用普通年金现值系数表查得 $(n-1)$ 期的值, 再加上 1 而得到。

【例 2-8】某企业希望连续 5 年的每年初都能从银行提取 10 万元,

n期的期初(即前m期的期末)的普通年金现值,因为前m期没有收付款项,该值就可看作前m期的复利终值,再将它折现至前m期的第一期期初,求得的复利现值即为延期年金的现值。其计算公式为

$$P = A \cdot (P/A, i, n) \cdot (P/F, i, m) \qquad (2-17)$$

【例2-9】某企业从银行贷入一笔款项,贷款年利率为5%,银行规定前4年不用还本付息,但从第5年开始至第10年结束,每年年末须偿还本息10万元,则该款项的现值应该为

$$P = 10 \times \left[(P/A, 5\%, 10) - (P/A, 5\%, 4) \right]$$
$$= 10 \times (7.721 - 3.545) = 41.76(万元)$$
$$或 P = 10 \times (P/A, 5\%, 6) \times (P/F, 5\%, 4)$$
$$= 10 \times 5.075 \times 0.823 = 41.77(万元)$$

4. 永续年金现值的计算

永续年金是指无限期地连续收付款项的年金。如优先股的股利,应该无限期地按时等额发放,这就是一种永续年金。

永续年金由于没有终止的时间,因此没有必要计算其终值。永续年金的现值就是期数为无限的普通年金现值,其计算公式可以从普通年金现值的计算公式推导得出。

普通年金现值的计算公式为

$$P = A \cdot (P/A, i, n) = A \cdot \frac{1 - \dfrac{1}{(1+i)^n}}{i} \qquad (2-18)$$

当$n \to \infty$时,$\dfrac{1}{(1+i)^n} \to 0$

则,永续年金现值的计算公式为

$$P = A \cdot \frac{1}{i} \qquad (2-19)$$

【例2-10】某慈善组织决定一次性存入银行一笔基金,以便以后能无限期地于每年年末提取利息10万元,用于年度的慈善活动开支。若存款年利率为5%,则该慈善组织现在应该存入银行的款项为

$$P = 10 \times \frac{1}{5\%} = 200\,(万元)$$

第二节　风险与收益

本节讨论风险与收益的关系,目的是确定折现率。折现率应当根据投资者要求的必要报酬率来确定。实证研究表明,必要报酬率的高低取决于投资的风险大小。风险越大,要求的必要报酬率越高。不同风险的投资,需要使用不同的折现率。那么,投资的风险如何计量? 特定的风险需要多少报酬来补偿? 这些就成为确定折现率的关键问题。

一、风险的含义

风险是一个非常重要的财务概念。任何决策都有风险,这使得风险观念在投资中具有普遍意义。风险最简单的定义是:发生财务损失的可能性。发生损失的可能性越大,风险越大。它可以用不同结果出现的概率来描述。结果可能是好的,也可能是坏的,坏结果出现的概率越大,风险就越大。这个定义非常接近日常生活中所使用的普通概念,主要强调风险可能带来的损失,与危险的含义类似。

人们在对风险进行深入研究以后发现,风险不仅可以带来超出预期的损失,也可能带来超出预期的收益。于是,出现了一个更正式的定义:风险是预期结果的不确定性。风险不仅包括负面效应的不确定性,还包括正面效应的不确定性。新的定义要求区分风险和危

险。危险专指负面效应,是损失发生及其程度的不确定性。人们对于危险,需要识别、衡量、防范和控制,即对危险进行管理。保险活动就是针对危险的,是为同类危险聚集资金,对特定危险的后果提供经济保障的一种风险转移机制。风险的概念比危险广泛,包括了危险,危险只是风险的一部分。风险的另一部分效应即正面效应,可以称其为"机会"。人们对于机会,需要识别、衡量、选择和获取。投资活动不仅要管理危险,还要识别、衡量、选择和获取增加企业价值的机会。风险的新概念反映了人们对财务现象更深刻的认识,也就是危险与机会并存。

在投资组合理论出现之后,人们认识到投资多样化可以降低风险。当增加投资组合中资产的种类时,组合的风险将不断降低,而收益仍然是个别资产的加权平均值。当投资组合中的资产多样化到一定程度后,特殊风险可以被忽略,而只需关心系统风险,系统风险是没有有效的方法可以消除的、影响所有资产的风险,它来自于整个经济系统,是影响公司经营的普遍因素。投资者必须承担系统风险并可以获得相应的投资回报。在充分组合的情况下,单个资产的风险对于决策是没有影响的,投资人关注的只是投资组合的风险;特殊风险与决策是不相关的,相关的只是系统风险。在投资组合理论出现以后,风险是指投资组合的系统风险,既不是指单个资产的风险,也不是指投资组合的全部风险。

在资本资产定价理论出现以后,单项资产的系统风险计量问题得到解决。如果投资者选择一项资产并把它加入已有的投资组合中,那么该资产的风险完全取决于受它影响的投资组合收益的波动性。因此,一项资产最佳的风险度量,是一项资产对投资组合风险的贡献程度。衡量该风险的指标被称为β系数。

理解风险概念及其演进时,不要忘记人们创造"风险"这一专业概念的目的。不断精确定义风险概念是为了明确风险和收益之间的权衡关系,并在此基础上给风险定价。因此,风险概念的演进,实际上是逐步明确什么是与收益相关的风险,与收益相关的风险才是投资管理中所说的风险。

在使用风险概念时,不要混淆投资对象本身固有的风险和投资人需要承担的风险。投资对象是指一项资产,在资本市场理论中经常用"证券"一词代表投资对象。投资对象的风险具有客观性。例如,无论企业还是个人,投资于国库券其收益的不确定性都要比投资于股票其收益的不确定性小得多。这种不确定性是客观存在的,不以投资人的意志为转移。因此,我们可以用客观尺度来计量投资对象的风险。投资人是通过投资获取收益并承担风险的人,他可以是任何单位或个人。项目投资管理主要研究企业投资。一个企业可以投资一项资产,也可以投资多项资产。由于投资分散化可以降低风险,作为投资人的企业承担的风险可能会小于企业单项资产的风险。一个股东可以投资一个企业,也可以投资多个企业。由于投资分散化可以降低风险,作为股东的个人所承担的风险可能会小于他所投资的各个企业的风险。投资人是否去冒风险及冒多大风险,是可以选择的,是由主观决定的。在什么时间、投资于什么样的资产,各投资多少,风险是不一样的。

二、单项投资的风险与收益

风险的衡量,一般应用概率和统计方法。

(一)概率

在经济活动中,某一事件在相同的条件下可能发生也可能不发生,这类事件称为随机事件。概率就是用来表示随机事件发生可能性大小的数值。通常,把必然发生的事件的概率定为1,把不可能发生的事件的概率定为0,而一般随机事件的概率是介于0与1之间的一个数。概率越大就表示该事件发生的可能性越大。

【例2-11】ABC公司有两个投资机会,A项目是一个高科技项目,该领域竞争很激烈,如果经济发展迅速并且该项目搞得好,取得较大市场占有率,利润会很大。否则,利润很小甚至亏本。B项目是一个老产品并且是必需品,销售前景可以准确预测出来。假设未来的经济情况只有繁荣、正常、衰退三种,有关的概率分布和期望报酬率如表2-1所示。

表2-1 公司未来经济情况表

经济情况	发生概率	A项目期望报酬率	B项目期望报酬率
繁荣	0.3	90%	20%
正常	0.4	15%	15%
衰退	0.3	−60%	10%
合计	1.0		

在这里,概率表示每一种经济情况出现的可能性,同时也是各种不同期望报酬率出现的可能性。例如,未来经济情况出现繁荣的可能性有0.3。假如这种情况真的出现,A项目可获得高达90%的报酬率,这也就是说,采纳A项目获利90%的可能性是0.3。当然,报酬率作为一种随机变量,受多种因素的影响。我们这里做了简化,假设其他因素都相同,只有经济情况一个因素影响报酬率。

(二)离散型分布和连续型分布

如果随机变量(如报酬率)只取有限个值,并且对应于这些值有确定的概率,则称随机变量是离散型分布。前面的【例2-11】就属于离散型分布,每一个项目都有三个值,如图2-9所示。

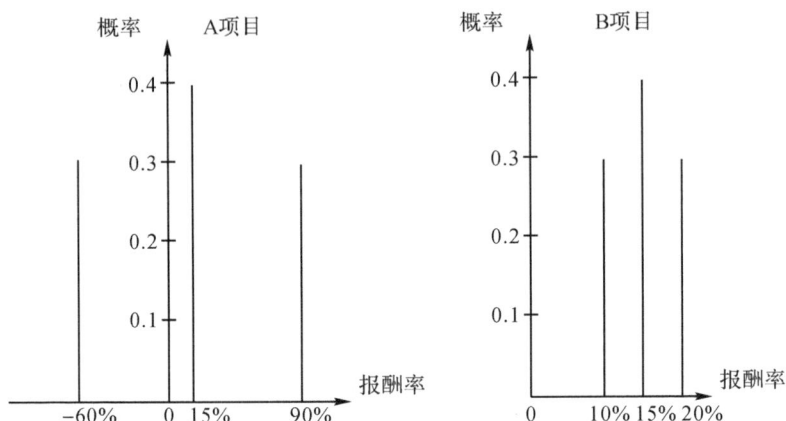

图2-9　离散型分布图

实际上出现的经济情况远不止三种,有无数可能的情况会出现。如果对每种情况都赋予一个概率,并分别测定其报酬率,则可用连续型分布描述,如图2-10所示。

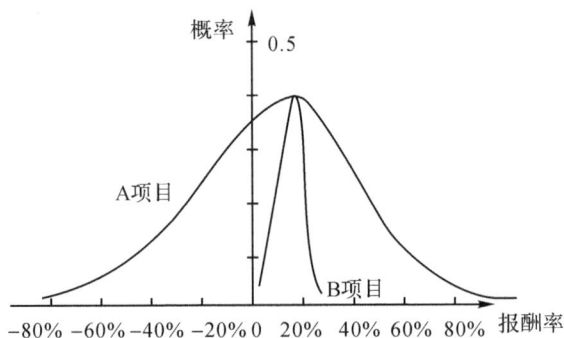

图2-10　连续型分布图

从图2-10可以看到,我们给出的例子的报酬率呈正态分布,其主要特征是曲线为对称的钟形。实际上并非所有问题都按正态分布。但是,按照统计学的理论,不论总体分布是正态还是非正态,当样本很大时,其样本平均数都呈正态分布。一般来说,如果被研究的量受彼此独立的大量偶然因素的影响,并且每个因素在总的影响中只占很小部分,那么,这个总影响所引起的数量上的变化,就近似服从于正态分布。所以,正态分布在统计学上被广泛使用。

(三)预期值

随机变量的各个取值,以相应的概率为权数的加权平均数,叫做随机变量的预期值(数学期望或均值),它反映随机变量取值的平均化。

$$预期值\left(\bar{K}\right) = \sum_{i=1}^{N}\left(P_i \cdot K_i\right) \tag{2-20}$$

式(2-20)中:P_i——第 i 种结果出现的概率;

$\qquad$ K_i——第 i 种结果的报酬率;

$\qquad$ N——所有可能结果的数目。

据此计算:

期望报酬率(A) = $0.3 \times 90\% + 0.4 \times 15\% + 0.3 \times (-60\%) = 15\%$

期望报酬率(B) = $0.3 \times 20\% + 0.4 \times 15\% + 0.3 \times 10\% = 15\%$

两者的期望报酬率相同,但其概率分布不同(见图2-10)。A项目的报酬率的分散程度大,变动范围在-60% ~ 90%之间;B项目的报酬率的分散程度小,变动范围在10% ~ 20%之间。这说明两个项目的报酬率相同,但风险不同。为了定量地衡量风险大小,还要使用统计学中衡量概率分布离散程度的指标。

(四)离散程度

表示随机变量离散程度的量数,最常用的是方差和标准差。

方差是用来表示随机变量与期望值之间离散程度的一个量,它是离差平方的平均数。

$$总体方差 = \frac{\sum_{i=1}^{n}\left(K_i - \bar{K}\right)^2}{N} \tag{2-21}$$

$$样本方差 = \frac{\sum_{i=1}^{n}\left(K_i - \bar{K}\right)^2}{n-1} \tag{2-22}$$

标准差是方差的平方根：

$$总体标准差 = \sqrt{\frac{\sum_{i=1}^{n}\left(K_i - \bar{K}\right)^2}{N}} \tag{2-23}$$

$$样本标准差 = \sqrt{\frac{\sum_{i=1}^{n}\left(K_i - \bar{K}\right)^2}{n-1}} \tag{2-24}$$

总体,是指我们准备加以测量的一个满足指定条件的元素或个体的集合,也称母体。在实际工作中,为了了解研究对象的某些数学特性,往往只能从总体中抽出部分个体作为资料,用数理统计的方法加以分析。这种从总体中抽取部分个体的过程称为抽样,所抽的部分称为样本。通过对样本的测量,可以推测整体的特征。

为什么样本标准差的 n 个离差平方不除以 n,而要除以 $(n-1)$ 呢?

n 表示样本容量(个数), $(n-1)$ 称为自由度。自由度反映分布或差异信息的个数。例如,当 $n=1$ 时,即 K_i 只有一个数值时, $K = \bar{K}$, $(K_1 - \bar{K}) = 0$,数据和均值没有差异,即表示差异的信息个数为 $1-1=0$;当 $n=2$ 时, $\bar{K}$ 是 K_1 和 K_2 的中值,则 $(K_1 - \bar{K})$ 和 $(K_2 - \bar{K})$ 的绝对值相等,只是符号相反。它们只提供一个信息,即两个数据与中值相差 $|K_1 - \bar{K}|$,这就是说差异的个数为 $2-1=1$ 。当 $n=3$ 时,也是如此。例如, K 分别为 1、2、6 时,均值为 3,误差分别为 -2 、 -1 和 3。实际上,我们得到的误差信息只有两个。因为比均值小的数据的误差绝对值与比均值大的数据的误差绝对值是相等的。我们知道了两个误差信息,就等

于知道了第三个误差信息。例如,一个数据比均值小2,一个数据比均值小1,则另一个数据必定比均值大3。当n为4或更多时,数据与均值的误差信息总会比样本容量少一个。因此,要用$(n-1)$作为标准差的分母。$\sum_{i=1}^{n}\left(K_i - \bar{K}\right)^2$只有$(n-1)$个对我们有用的信息,所以用$(n-1)$作为分母才是真正的平均。

由于在项目投资管理实务中使用的样本量都很大,区分总体标准差和样本标准差没有什么实际意义。如果样本量比较小,则应当加以区分。

在已经知道每个变量值出现概率的情况下,标准差可以按下式计算:

$$标准差\ (\sigma) = \sqrt{\sum_{i=1}^{n}\left(K_i - \bar{K}\right)^2 \times P_i} \qquad (2\text{-}25)$$

A项目的标准差是0.5809,B项目的标准差是0.0387(计算过程如表2-2所示),由于它们的期望报酬率相同,因此可以认为A项目的风险比B项目大。

表2-2 项目标准差计算表

A项目的标准差		
$K_i - \bar{K}$	$\left(K_i - \bar{K}\right)^2$	$\left(K_i - \bar{K}\right)^2 \cdot P_i$
$90\% \sim 15\%$	0.5625	$0.5625 \times 0.3 = 0.168\ 75$
$15\% \sim 15\%$	0	$0 \times 0.40 = 0$
$-60\% \sim 15\%$	0.5625	$0.5625 \times 0.3 = 0.168\ 75$
方差$(\sigma^2) = 0.3375$		
标准差$(\sigma) = 0.5809$		

B项目的标准差		
$K_i - \bar{K}$	$\left(K_i - \bar{K}\right)^2$	$\left(K_i - \bar{K}\right)^2 \cdot P_i$
20%～15%	0.0025	$0.0025 \times 0.3 = 0.000\ 75$
15%～15%	0	$0 \times 0.40 = 0$
10%～15%	0.0025	$0.0025 \times 0.3 = 0.000\ 75$
方差$(\sigma^2) = 0.0015$		
标准差$(\sigma) = 0.0387$		

标准差是以均值为中心计算出来的,因而有时直接比较标准差是不准确的,需要剔除均值大小的影响。为了解决这个问题,引入了变异系数(离散系数)的概念。变异系数是标准差与均值的比,它是从相对角度观察的差异和离散程度,在比较相关事物的差异程度时较之直接比较标准差要好些。

$$变异系数 = 标准差/均值 \qquad (2-26)$$

【例2-12】A证券的期望报酬率为10%,标准差是0.12;B证券的期望报酬率为18%,标准差是0.20。

$$变异系数(A) = 0.12/10\% = 1.20$$
$$变异系数(B) = 0.20/18\% = 1.11$$

直接从标准差看,B证券的离散程度较大,能说B证券的风险比A证券大吗? 不能轻易下这个结论,因为B证券的平均报酬率较大。如果以各自的平均报酬率为基础观察,A证券的标准差是其均值的1.20倍,而B证券的标准差只是其均值的1.11倍,B证券的相对风险较小。这就是说,A证券的绝对风险较小,但相对风险较大,B证券与此正相反。

三、投资组合的风险与收益

投资组合理论认为,若干种证券组成的投资组合,其收益是这些证券收益的加权平均数,但是其风险不是这些证券风险的加权平均风险,投资组合能降低风险。

这里的"证券"是"资产"的代名词,它可以是任何产生现金流的东西,例如,一项生产性实物资产、一条生产线或者是一个企业。

(一)证券组合的期望报酬率和标准差

1. 期望报酬率

两种或两种以上证券的组合,其期望报酬率可以直接表示为

$$r_p = \sum_{i=1}^{m} r_j A_j \qquad (2-27)$$

式(2-27)中:r_j是第j种证券的期望报酬率;A_j是第j种证券在全部投资额中的比重;m是组合中的证券种类总数。

2. 标准差与相关性

证券组合的标准差并不是单个证券标准差的简单加权平均。证券组合的风险不仅取决于组合内的各证券的风险,还取决于各个证券之间的关系。

【例2-13】假设投资100万元,A方案和B方案各占50%。如果A方案和B方案标准差相等且完全负相关,即一个变量的增加值永远等于另一个变量的减少值,则组合的风险被全部抵消,如表2-3所示。如果A方案和B方案标准差相等且完全正相关,即一个变量的增加值永远等于另一个变量的增加值,则组合的风险不减少也不扩大,如表2-4所示。

表2-3 完全负相关的证券组合数据

方案	A		B		AB组合	
年度	收益	报酬率	收益	报酬率	收益	报酬率
20×1	20	40%	−5	−10%	15	15%
20×2	−5	−10%	20	40%	15	15%
20×3	17.5	35%	−2.5	−5%	15	15%
20×4	−2.5	−5%	17.5	35%	15	15%
20×5	7.5	15%	7.5	15%	15	15%
平均数	7.5	15%	7.5	15%	15	15%
标准差		0.226		0.226		0

表2-4 完全正相关的证券组合数据

方案	A		B		AB组合	
年度	收益	报酬率	收益	报酬率	收益	报酬率
19×1	20	40%	20	40%	40	40%
19×2	−5	−10%	−5	−10%	−10	−10%
19×3	17.5	35%	17.5	35%	35	35%
19×4	−2.5	−5%	−2.5	−5%	−5	−5%
19×5	7.5	15%	7.5	15%	15	15%
平均数	7.5	15%	7.5	15%	15	15%
标准差		0.226		0.226		0.226

实际上,各种证券之间不可能完全正相关,也不可能完全负相关,所以不同证券的投资组合可以降低风险,但又不能完全消除风

险。一般而言,证券的种类越多,风险越小。

(二)投资组合的风险计量

投资组合的风险不是各证券标准差的简单加权平均数,那么它如何计量呢?

投资组合报酬率概率分布的标准差是:

$$\sigma_p = \sqrt{\sum_{j=1}^{m}\sum_{k=1}^{m}A_j A_k \sigma_{jk}} \qquad (2-28)$$

式(2-28)中:m 是组合内证券种类总数;A_j 是第 j 种证券在投资总额中的比例;A_k 是第 k 种证券在投资总额中的比例;σ_{jk} 是第 j 种证券与第 k 种证券报酬率的协方差。

式(2-28)的含义说明如下:

1. 协方差的计算

两种证券报酬率的协方差,用来衡量它们之间共同变动的程度:

$$\sigma_{jk} = r_{jk}\sigma_j \sigma_k \qquad (2-29)$$

式(2-29)中:r_{jk} 是证券 j 和证券 k 报酬率之间的预期相关系数,σ_j 是第 j 种证券的标准差,σ_k 是第 k 种证券的标准差。

证券 j 和证券 k 报酬率概率分布的标准差的计算方法,前面讲述单项证券标准差时已经介绍过。

相关系数总是在 $-1 \sim 1$ 间取值。当相关系数为 1 时,表示一种证券报酬率的增长总是与另一种证券报酬率的增长成比例,反之亦然;当相关系数为 -1 时,表示一种证券报酬率的增长总是与另一种证券报酬率的减少成比例,反之亦然;当相关系数为 0 时,表示缺乏相关性,每种证券的报酬率相对于另外的证券的报酬率独立变动。一般而言,多数证券的报酬率趋于同向变动,因此两种证券之间的相关系数多为小于 1 的正值。

$$相关系数\,(r) = \frac{\sum_{i=1}^{n}\left[\left(x_i - \bar{x}\right) \times \left(y_i - \bar{y}\right)\right]}{\sqrt{\sum_{i=1}^{n}\left(x_i - \bar{x}\right)^2} \times \sqrt{\sum_{i=1}^{n}\left(y_i - \bar{y}\right)^2}} \quad (2\text{-}30)$$

2. 协方差矩阵

根号内双重的 Σ 符号,表示对所有可能配成组合的协方差,分别乘以两种证券的投资比例,然后求其总和。

例如,当 m 为 3 时,所有可能的配对组合的协方差矩阵如下所示:

$$\begin{array}{ccc} \sigma_{1,1} & \sigma_{1,2} & \sigma_{1,3} \\ \sigma_{2,1} & \sigma_{2,2} & \sigma_{2,3} \\ \sigma_{3,1} & \sigma_{3,2} & \sigma_{3,3} \end{array}$$

矩阵左上角的组合 $(1,1)$ 是 σ_1 与 σ_1 之积,即标准差的平方,称为方差,此时,$j = k$。从左上角到右下角,共有三种 $j = k$ 的组合,在这三种情况下,影响投资组合标准差的是三种证券的方差。当 $j = k$ 时,相关系数是 1,并且 $\sigma_j \times \sigma_k$ 变为 σ_j^2。这就是说,对于矩阵对角线位置上的投资组合,其协方差就是各证券自身的方差。

组合 $\sigma_{1,2}$ 代表证券 1 和证券 2 报酬率的协方差,组合 $\sigma_{2,1}$ 代表证券 2 和证券 1 报酬率的协方差,它们的数值是相同的。这就是说需要计算两次证券 1 和证券 2 之间的协方差。对于其他不在对角线上的配对组合的协方差,我们同样计算了两次。

双重求和符号,就是把由各种可能配对组合构成的矩阵中的所有方差项和协方差项加起来。3 种证券的组合,一共有 9 项,由 3 个方差项和 6 个协方差项(3 个计算了两次的协方差项)组成。

3. 协方差比方差更重要

影响证券组合的标准差不仅取决于单个证券的标准差,而且还取决于证券之间的协方差。随着证券组合中证券个数的增加,协方差项比方差项越来越重要。这一结论可以通过考察上述矩阵得到证

期望报酬率(%)

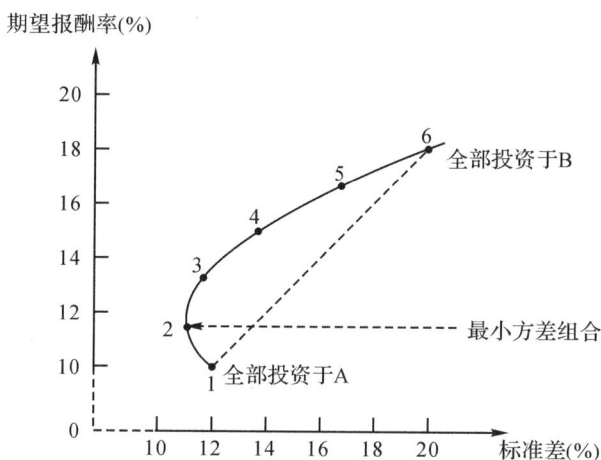

图2-11　投资于两种证券组合的机会集

第1点至第2点的弯曲看出来。从第1点出发,拿出一部分资金投资于标准差较大的B证券会比将全部资金投资于标准差较小的A证券的组合标准差还要小。这种结果与人们的直觉相反,揭示了风险分散化的内在特征。一种证券的未预期变化往往会被另一种证券的反向未预期变化所抵消。尽管从总体上看,这两种证券是同向变化的,但抵消效应还是存在的,在图2-11中表现为机会集曲线有一段弯曲。

(2)它表达了最小方差组合。曲线最左端的第2点组合被称作最小方差组合,它在持有证券的各种组合中有最小的标准差。本例中,最小方差组合是80%的资金投资于A证券、20%的资金投资于B证券。离开此点,无论增加还是减少投资于B证券的比例,都会导致标准差的小幅上升。必须注意的是,分散化投资并不必然导致机会集曲线向点A左侧凸出,它取决于相关系数的大小。

(3)它表达了投资的有效集合。在只有两种证券的情况下,投资者的所有投资机会只能出现在机会集曲线上,而不会出现在该曲线上方或下方。改变投资比例只会改变组合在机会集曲线上的位置。最小方差组合以下的组合（曲线第1点至第2点的部分）是无效的。没有人会持有期望报酬率比最小方差组合期望报酬率还低的投资组合,它们不但比最小方差组合风险大,而且报酬低。因此,机会集曲线第1点至第2点的弯曲部分是无效的,它们与最小方差组合相比不但标准差大(即风险大),而且报酬率也低。本例中,有效集是第2点至第6点之间的那段曲线,即从最小方差组合点到最高期望报酬率组合点的那段曲线。

(四)相关性对风险的影响

图2-11中,只示例了相关系数为0.2和1的机会集曲线,如果增加一条相关系数为0.5的机会集曲线,就成为图2-12。从图2-12中可以看到:(1)相关系数为0.5的机会集曲线与完全正相关的直线的距离缩小了,并且没有向点1左侧凸出的现象。(2)最小方差组合是100%投资于A证券。将任何比例的资金投资于B证券,所形成的投资组合的方差都会高于将全部资金投资于风险较低的A证券的方差。因此,新的有效边界就是整个机会集。(3)证券报酬率之间的相关系数越小,机会集曲线就越弯曲,风险分散化效应也就越强。证券报酬

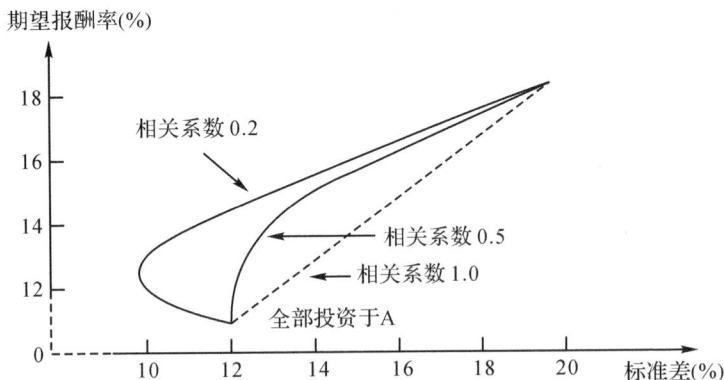

图2-12　相关系数机会集曲线

率之间的相关系数越大,风险分散化效应就越弱。完全正相关的投资组合,不具有风险分散化效应,其机会集是一条直线。

(五)多种证券组合的风险和收益

对于由两种以上证券构成的组合,以上原理同样适用。值得注意的是,多种证券组合的机会集不同于两种证券组合的机会集。两种证券的所有可能组合都落在一条曲线上,而两种以上证券的所有可能组合会落在一个平面中,如图2-13的阴影部分所示。这个机会集反映了投资者所有可能的投资组合,阴影部分中的每一点都与一种可能的投资组合相对应。随着可供投资的证券数量的增加,所有可能的投资组合数量将呈几何级数上升。

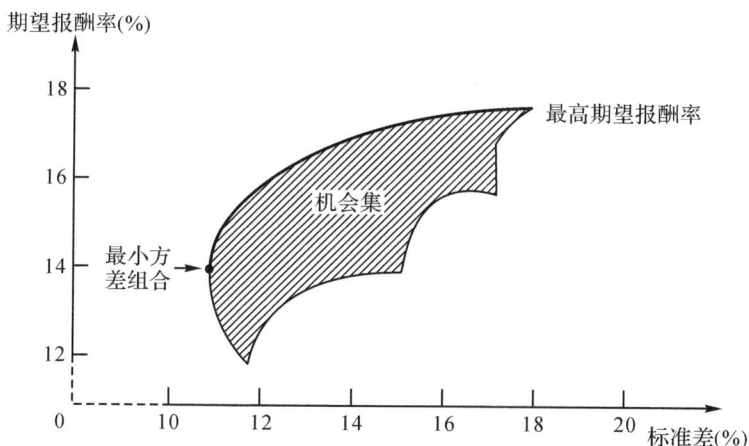

图2-13　机会集示例

最小方差组合是图2-13中最左端的点,它具有最小组合标准差。多种证券组合的机会集外缘有一段向后弯曲,这与两种证券组合中的现象类似:不同证券报酬率的波动相互抵消,产生风险分散化效应。

在图2-13中以粗线描出的部分,称为有效集或有效边界,它位于机会集的顶部,从最小方差组合点起到最高期望报酬率点止。投资者应在有效集上寻找投资组合。有效集以外的投资组合与有效边界上的组合相比,有三种情况:相同的标准差和较低的期望报酬率;相同的期望报酬率和较高的标准差;较低的期望报酬率和较高的标准差。这些投资组合都是无效的。如果你的投资组合是无效的,可以通过改变投资比例转换到有效边界上的某个组合,以达到提高期望报酬率而不增加风险,或者降低风险而不降低期望报酬率,或者得到一个既提高期望报酬率又降低风险的组合。

(六)资本市场线

如图2-14所示,从无风险资产的报酬率(Y轴的R_f)开始,做有效边界的切线,切点为M,该直线被称为资本市场线。

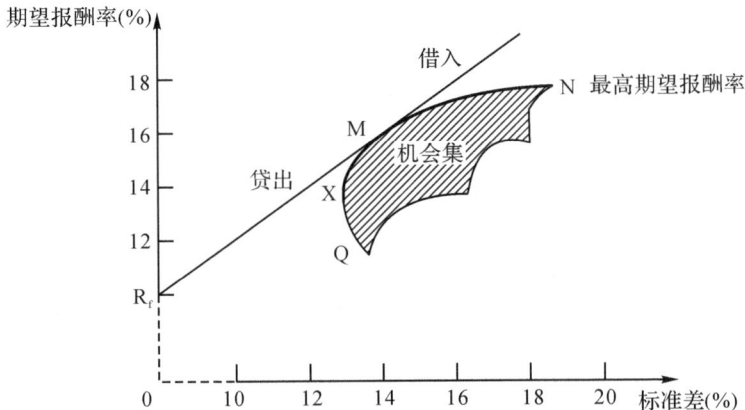

图2-14 资本市场线:最佳组合的选择

现将资本市场线的有关问题说明如下:

(1)假设存在无风险资产。投资者可以在资本市场上借到钱,将其纳入自己的投资总额,或者可以将多余的钱贷出。无论借入还是贷出,利息都是固定的无风险资产的报酬率。R_f代表无风险资产的报酬率,它的标准差为零,即报酬率是确定的。

(2)存在无风险资产的情况下,投资人可以通过贷出资金减少自己的风险,当然同时也会降低期望报酬率。最厌恶风险的人可以全部将资金贷出,例如购买政府债券并持有至到期。偏好风险的人可以借入资金(对无风险资产的负投资),增加购买风险资产的资本,以使期望报酬率增加。

总期望报酬率 $= Q \times$ 风险组合的期望报酬率 $+ (1 - Q) \times$ 无风险报酬率 (2-31)

式(2-31)中:Q代表投资者投资于风险组合M的资金占自有资本总额的比例;$1 - Q$代表投资于无风险资产的比例。

如果贷出资金,Q将小于1;如果是借入资金,Q会大于1。

总标准差 $= Q \times$ 风险组合的标准差

此时不用考虑无风险资产,因为无风险资产的标准差等于零。如果贷出资金,Q小于1,他承担的风险小于市场平均风险;如果借入资金,Q大于1,他承担的风险大于市场平均风险。

(3)切点M是市场均衡点,它代表唯一最有效的风险资产组合,它是所有证券以各自的总市场价值为权数的加权平均组合,我们将其定义为"市场组合"。虽然理智的投资者可能选择XMN线上的任何有效组合(它们在任何给定风险水平下收益最大),但是无风险资产的存在,使投资者可以同时持有无风险资产和市场组合(M),从而位于MR_f上的某点。MR_f上的组合与XMN上的组合相比,风险小而报酬率相同,或者报酬率高而风险相同,或者报酬率高且风险小。

(4)图2-14中的直线揭示出持有不同比例的无风险资产和市场组合情况下风险和期望报酬率的权衡关系。直线的截距表示无风险报酬率,它可以视为等待的报酬率。直线的斜率代表风险的市场价格,它告诉我们当标准差增长某一幅度时要求的报酬率相应增长的幅度。直线上的任何一点都可以告诉我们投资于市场组合和无风险资产的比例。在 M 点的左侧,你将同时持有无风险资产和风险资产组合。在 M 点的右侧,你将仅持有市场组合 M,并且会借入资金以进一步投资于组合 M。

(5)个人的效用偏好与最佳风险资产组合相独立(或称相分离)。投资者个人对风险的态度仅仅影响借入或贷出的资金量,而不影响最佳风险资产组合。其原因是当存在无风险资产并可按无风险报酬率自由借贷时,市场组合优于所有其他组合。对于不同风险偏好的投资者来说,只要能以无风险报酬率自由借贷,他们就会选择市场组合 M。这就是所谓的分离定理。它也可表述为最佳风险资产组合的确定独立于投资者的风险偏好。它取决于各种可能风险组合的期望报酬率和标准差。个人的投资行为可分为两个阶段:先确定最佳风险资产组合,后考虑无风险资产和最佳风险资产组合的理想组合。只有第二阶段受投资人风险反感程度的影响。分离定理在投资管理中非常重要,它表明企业管理层在决策时不必考虑每位股东对风险的态度。证券的价格信息完全可用于确定投资者所要求的报酬率,该报酬率可指导管理层进行有关决策。

(七)系统风险和非系统风险

在投资组合的讨论中,我们知道个别资产的风险,有些可以被分散掉,有些则不能。无法分散掉的是系统风险,可以分散掉的是非系统风险。

1. 系统风险

系统风险是指由那些影响所有公司的因素引起的风险。例如,战争、经济衰退、通货膨胀、高利率等非预期的变动,对许多资产都会有影响。系统风险所影响的资产非常多,影响的程度有区别。例如,各种股票处于同一经济系统之中,它们的价格变动有趋同性,多数股票的报酬率在一定程度上正相关。经济繁荣时,多数股票的价格都上涨;经济衰退时,多数股票的价格下跌。尽管涨跌的幅度各股票有区别,但是多数股票的变动方向是一致的。所以,不管投资多样化有多充分,都不可能消除全部风险,即使购买的是全部股票的市场组合。

由于系统风险是影响整个资本市场的风险,所以也称"市场风险"。由于系统风险没有有效的方法消除,所以也称"不可分散风险"。

2. 非系统风险

非系统风险是指由发生于个别公司的特有事件造成的风险。例如,一家公司的工人罢工、新产品开发失败、失去重要的销售合同、诉讼失败,或者宣告发现新矿藏、取得一个重要合同等。这类事件是非预期的、随机发生的,它只影响一个或少数公司,不会对整个市场产生太大影响。这种风险可以通过多样化投资来分散,即发生于一家公司的不利事件可以被其他公司的有利事件所抵消。

由于非系统风险是个别公司或个别资产所特有的,因此也称"特殊风险"或"特有风险"。由于非系统风险可以通过投资多样化分散掉,因此也称"可分散风险"。

由于非系统风险可以通过分散化消除,因此一个充分的投资组合几乎没有非系统风险。假设投资人都是理智的,都会选择充分投资组合,非系统风险将与资本市场无关。市场不会给予它任何价格补偿。通过分散化消除的非系统风险,几乎没有任何值得市场承认的、必须花费的成本。

我们已经知道,资产的风险可以用标准差计量。这个标准差是指它的整体风险。现在我们把整体风险划分为系统风险和非系统风险,如图2-15所示。

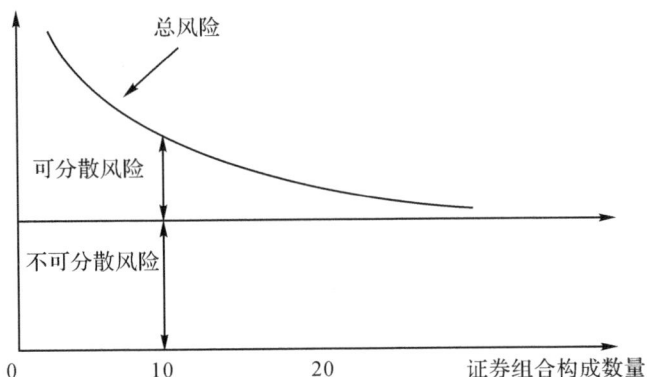

图2-15　投资组合的风险

　　承担风险会从市场上得到回报,回报大小仅仅取决于系统风险。这就是说,一项资产的期望报酬率高低取决于该资产的系统风险大小。

　　综上所述,需要掌握的主要内容是:证券组合的风险不仅与组合中每个证券的报酬率标准差有关,而且与各证券之间报酬率的协方差有关。对于一个含有两种证券的组合,投资机会集曲线描述了不同投资比例组合的风险和报酬之间的权衡关系。风险分散化效应有时使得机会集曲线向左凸出,并产生比最低风险证券标准差还低的最小方差组合。有效边界就是机会集曲线上从最小方差组合点到最高期望报酬率的那段曲线。持有多种彼此不完全正相关的证券可以降低风险。如果存在无风险证券,新的有效边界是经过无风险报酬率并和机会集相切的直线,该直线称为资本市场线,该切点被称为市场组合,其他各点为市场组合与无风险投资的有效搭配。资本市场线横坐标是标准差,纵坐标是报酬率。该直线反映两者的关系即风险价格。

四、资本资产定价模型

1964年,威廉·夏普(William Sharpe)根据投资组合理论提出了资本资产定价模型(Capital Asset Pricing Model,简称CAPM)。资本资产定价模型,它第一次使人们可以量化市场的风险程度,并且能够对风险进行具体定价,具有里程碑式意义。

资本资产定价模型的研究对象,是充分组合情况下风险与必要报酬率之间的均衡关系。资本资产定价模型可用于回答如下不容回避的问题:为了补偿某一特定程度的风险,投资者应该获得多大的报酬率? 在前面的讨论中,我们将风险定义为期望报酬率的不确定性;然后根据投资理论将风险区分为系统风险和非系统风险,知道了在高度分散化的资本市场里只有系统风险,并且会得到相应的回报。现在将讨论如何衡量系统风险以及如何给风险定价。

(一)系统风险的度量

既然一项资产的期望报酬率取决于它的系统风险,那么度量系统风险就成了一个关键问题。

度量一项资产系统风险的指标是 β 系数,用希腊字母 β 表示。其计算公式如下:

$$\beta_J = \frac{COV(K_J, K_M)}{\sigma_M^2} = \frac{r_{JM}\sigma_J\sigma_M}{\sigma_M^2} = r_{JM}\left(\frac{\sigma_J}{\sigma_M}\right) \qquad (2\text{-}32)$$

式(2-32)中:分子 $COV(K_J, K_M)$ 是第 J 种证券的报酬率与市场组合报酬率之间的协方差。它等于该证券的标准差、市场组合的标准差及两者相关系数的乘积。

从式(2-32)可以看出,一种股票的 β 值的大小取决于:(1)该股票与整个股票市场的相关性;(2)它自身的标准差;(3)整个市场的标准差。

β系数的计算方法有两种：

一种是使用回归直线法。根据数理统计的线性回归原理，β系数可以通过同一时期内的资产报酬率和市场组合报酬率的历史数据，使用线性回归方程预测出来。β系数就是该线性回归方程的回归系数。

【例2-15】J股票历史已获得报酬率以及市场历史已获得报酬率的有关资料如表2-6所示，计算其β值的数据准备过程如表2-7和表2-8所示。

表2-6　计算β值的数据

年度	J股票报酬率(Y_i)	市场报酬率(X_i)
1	1.8	1.5
2	−0.5	1
3	2	0
4	−2	−2
5	5	4
6	5	3

表2-7　回归直线法计算β值的数据准备

年度	J股票报酬率(Y_i)	市场报酬率(X_i)	X_i^2	X_iY_i
1	1.8	1.5	2.25	2.7
2	−0.5	1	1	−0.5
3	2	0	0	0
4	−2	−2	4	4
5	5	4	16	20

续　表

年度	J股票报酬率(Y_i)	市场报酬率(X_i)	X_i^2	X_iY_i
6	5	3	9	15
合计	11.3	7.5	32.25	41.2

表2-8　公式法计算β值的数据准备

年度	J股票报酬率(Y_i)	市场报酬率(X_i)	X_i^2	X_iY_i	$X_i-\bar{X}$	$Y_i-\bar{Y}$	$(X_i-\bar{X})$ $\times(Y_i-\bar{Y})$	$(X_i-\bar{X})^2$	$(Y_i-\bar{Y})^2$
1	1.8	1.5	2.25	2.7	0.25	−0.08	−0.02	0.0625	0.0064
2	−0.5	1	1	−0.5	−0.25	−2.38	0.595	0.0625	5.6644
3	2	0	0	0	−1.25	0.12	−0.15	1.5625	0.0144
4	−2	−2	4	4	−3.25	−3.88	12.61	10.5625	15.0544
5	5	4	16	20	2.75	3.12	8.58	7.5625	9.7344
6	5	3	9	15	1.75	3.12	5.46	3.0625	9.7344
合计	11.3	7.5	32.25	41.2			27.075	22.875	40.2084
平均数	1.88	1.25							
标准差	2.8358	2.1389							

求解回归方程 $y=a+bx$ 系数的计算公式如下：

$$a=\frac{\sum_{i=1}^{n}X_i^2\times\sum_{i=1}^{n}Y_i-\sum_{i=1}^{n}X_i\times\sum_{i=1}^{n}X_iY_i}{n\sum_{i=1}^{n}X_i^2-\left(\sum_{i=1}^{n}X_i\right)^2} \tag{2-33}$$

$$b = \frac{n\sum\limits_{i=1}^{n}X_iY_i - \sum\limits_{i=1}^{n}X_i \times \sum\limits_{i=1}^{n}Y_i}{n\sum\limits_{i=1}^{n}X_i^2 - (\sum\limits_{i=1}^{n}X_i^2)^2} \qquad (2-34)$$

将有关数据代入式（2-33）和式（2-34）：

$$a = \frac{32.25 \times 11.3 - 7.5 \times 41.2}{6 \times 32.25 - 7.5 \times 7.5}$$
$$= \frac{55.425}{137.25}$$
$$= 0.40$$

$$b = \frac{6 \times 41.2 - 7.5 \times 11.3}{6 \times 32.25 - 7.5 \times 7.5}$$
$$= \frac{162.45}{137.25}$$
$$= 1.18$$

直线方程斜率 b，就是该股票的 β 系数。

另一种方法是按照定义，根据证券与股票指数报酬率的相关系数、股票指数的标准差和股票报酬率的标准差直接计算。

相关系数的计算：

$$r = \frac{\sum\limits_{i=1}^{n}\left[\left(X_i - \bar{X}\right) \times \left(Y_i - \bar{Y}\right)\right]}{\sqrt{\sum\limits_{i=1}^{n}\left(X_i - \bar{X}\right)^2} \times \sqrt{\sum\limits_{i=1}^{n}\left(Y_i - \bar{Y}\right)^2}} \qquad (2-35)$$

$$r_{JM} = \frac{27.075}{\sqrt{22.875} \times \sqrt{40.2084}}$$
$$= \frac{27.075}{4.7828 \times 6.3410}$$
$$= 0.8927$$

标准差的计算：

$$\sigma = \sqrt{\frac{\sum_{i=1}^{n}\left(X_i - \bar{X}\right)^2}{n-1}} \qquad (2-36)$$

$$\sigma_M = \sqrt{\frac{22.875}{6-1}}$$
$$= 2.1389$$
$$\sigma_J = \sqrt{\frac{40.2084}{6-1}}$$
$$= 2.8358$$

β 系数的计算：

$$\beta_J = r_{JM}\left(\frac{\sigma_J}{\sigma_M}\right)$$
$$= 0.8927 \times \frac{2.8358}{2.1389}$$
$$= 1.18$$

β 系数的经济意义在于，它告诉我们相对于市场组合而言特定资产的系统风险是多少。例如，市场组合相对于它自己的 β 系数是 1；如果一项资产的 $\beta = 0.5$，表明它的系统风险是市场组合系统风险的 0.5，其报酬率的波动幅度只及一般市场波动幅度的一半；如果一项资产的 $\beta = 2.0$，说明这种股票的波动幅度为一般市场波动幅度的 2 倍。总之，某一股票 β 值的大小反映了该股票报酬率波动与整个市场报酬率波动之间的相关性及程度。

（二）投资组合的 β 系数

投资组合的 β_P 等于被组合各证券 β 值的加权平均数：

$$\beta_P = \sum_{i=1}^{n} X_i \beta_i \qquad (2-37)$$

如果一个高 β 值股票（$\beta>1$）被加入到一个平均风险组合（β_p）中，则组合风险将会提高；反之，如果一个低 β 值股票（$\beta<1$）加入到一个平

均风险组合中,则组合风险将会降低。所以,一种股票的 β 值可以度量该股票对整个组合风险的贡献, β 值可以作为这一股票风险程度的一个大致度量。

【例2-16】一个投资者拥有10万元现金进行组合投资,共投资10种股票且各占 1/10 即 1 万元。如果这10种股票的 β 值皆为1.18,则组合的 β 值为 $\beta_p = 1.18$。该组合的风险比市场风险大,即其价格波动的范围较大,报酬率的变动也较大。现在假设完全售出其中的一种股票且以一种 $\beta = 0.8$ 的股票取而代之。此时,股票组合的 β 值将由1.18下降至1.142。

$$\beta_p = 0.9 \times 1.18 + 0.1 \times 0.8 = 1.142$$

(三)证券市场线

按照资本资产定价模型理论,单一证券的系统风险可由 β 系数来度量,而且其风险与收益之间的关系可由证券市场线来描述。

证券市场线: $R_i = R_f + \beta(R_m - R_f)$ (2-38)

这个等式被称为资本资产定价模型。式(2-38)中: R_i 是第 i 个股票的必要报酬率; R_f 是无风险报酬率(通常以国库券的报酬率作为无风险报酬率); R_m 是平均股票的必要报酬率(指 $\beta = 1$ 的股票的必要报酬率,也是指包括所有股票的组合即市场组合的必要报酬率)。在均衡状态下, $(R_m - R_f)$ 是投资者为补偿承担超过无风险报酬的平均风险而要求的额外收益,即风险价格(见图2-16)。

证券市场线的主要含义如下:

(1)纵轴为必要报酬率,横轴则是以 β 值表示的风险。

(2)无风险证券的 $\beta = 0$,故 R_f 成为证券市场线在纵轴的截距。

(3)证券市场线的斜率[$\triangle Y / \triangle X = (R_m - R_f)/(1 - 0) = 12\% - 8\% = 4\%$]表示经济系统中风险厌恶感的程度。一般来说,投资者对风险的

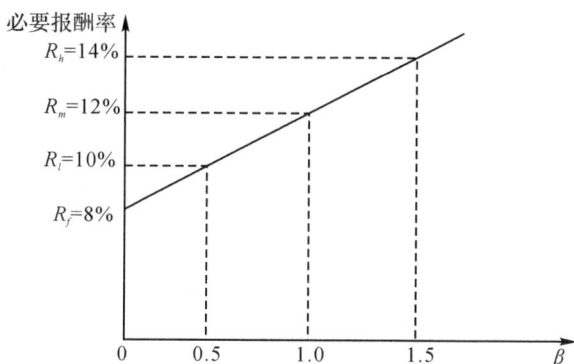

图2-16　证券市场线:β值与必要报酬率

厌恶感越强,证券市场线的斜率越大,对风险资产所要求的风险补偿越大,风险资产的必要报酬率越高。

(4)在β值分别为0.5、1和1.5的情况下,必要报酬率由最低R_L = 10%,到市场平均的R_m = 12%,再到最高的R_h = 14%。β值越大,必要报酬率越高。

从证券市场线可以看出,投资者的必要报酬率不仅取决于市场风险,而且还取决于无风险报酬率(证券市场线的截距)和市场风险补偿程度(证券市场线的斜率)。由于这些因素始终处于变动之中,所以证券市场线也不会一成不变。预计通货膨胀提高时,无风险报酬率会随之提高,进而导致证券市场线的向上平移。风险厌恶感的加强,会提高证券市场线的斜率。

需要说明的是,图2-16的证券市场线与图2-14的资本市场线是两条完全不同的直线,它们之间有着明显的区别。资本市场线描述的是由风险资产和无风险资产构成的投资组合的有效边界。其中最优投资组合由两部分组成:一部分是无风险资产,另一部分则是风险资产组合有效集上的一个风险组合。资本市场线上的M点代表的就是这一风险组合;而资本市场线上的其他点,则表示由 M 点与无风险资产以不同比例所构成的投资组合。其测度风险的工具是整个资产组合的标准差,此直线只适用于有效组合。

而证券市场线描述的则是在市场均衡条件下单项资产或资产组合(不论它是否已经有效地分散风险)的必要报酬率与风险之间的关系。测度风险的工具是单项资产或资产组合对于整个市场组合方差的贡献程度即 β 系数。

此外,需要注意的是,必要报酬率也称最低要求报酬率,是指准确反映预期未来现金流量风险的报酬率,是等风险投资的机会成本;期望报酬率则是使净现值为零的报酬率。期望报酬率和必要报酬率的关系,决定了投资者的行为。以股票投资为例,当期望报酬率大于必要报酬率时,表明投资会有超额回报,投资者应购入股票;当期望报酬率小于必要报酬率时,表明投资无法获得应有回报,投资者应卖出股票;当期望报酬率等于必要报酬率时,表明投资获得与所承担风险相应的回报,投资者投资该股票与投资其他项目相同。在完美的资本市场上,投资的期望报酬率等于必要报酬率。

(四)资本资产定价模型的假设

资本资产定价模型建立在如下基本假设之上:

(1)所有投资者均追求单期财富的期望效用最大化,并以各备选组合的期望收益和标准差为基础进行组合选择。

(2)所有投资者均可以无风险报酬率无限制地借入或贷出资金。

(3)所有投资者拥有同样预期,即对所有资产报酬的均值、方差和协方差等,投资者均有完全相同的主观估计。

(4)所有的资产均可被完全细分,拥有充分的流动性且没有交易成本。

(5)没有税金。

(6)所有投资者均为价格接受者,即任何一个投资者的买卖行为都不会对股票价格产生影响。

(7)所有资产的数量是给定的和固定不变的。

在以上假设的基础上,构建了具有奠基意义的资本资产定价模型。随后,每一个假设逐步被放开,并在新的基础上进行研究,这些研究成果都是对资本资产定价模型的突破与发展。多年来,资本资产定价模型经受住了大量经验上的考验,尤其是β概念。

自资本资产定价模型构建以来,各种理论争议和经验证明便不断涌现。尽管该模型存在许多问题,但它还是以科学的简单性、逻辑的合理性赢得了人们的支持。各种实证研究已验证了β概念的科学性及适用性。

复习思考题

一、问答题

1. 什么是货币时间价值?它与平均投资收益率有什么区别?

2. 简述货币时间价值的产生过程。

3. 如何计算复利终值和复利现值?

4. 简述年金的类型以及各类年金的终值和现值计算方法。

5. 什么是风险以及风险收益?如何理解风险与风险收益之间的关系?

6. 简述资本资产定价模型的基本原理。

二、计算与分析题

1. 目的:练习预付年金终值和普通年金现值的计算。

资料:甲公司2016年和2017年年初对A设备投资均为8万元,该项目2018年年初完工投产;2018年、2019年、2020年每年年末的预期收益均为7万元;银行存款的复利率为6%。

要求:按年金计算2018年年初投资额的终值和2018年年初各年预期收益的现值。

2. 目的:练习已知现值求年金的计算。

资料:某人购买了价值100万元的房屋,首付20%,剩余款项从当年年末开始分10年等额付清,银行贷款的年利率为6%。

要求:计算此人每年年末等额应付多少钱。

3. 目的:练习延期年金现值的计算。

资料:甲公司2016年年初对乙设备投资100万元,该项目于2018年年初完工投产,2018年、2019年、2020年每年年末的现金流入量均为45万元;年复利率为6%。

要求:计算各年收益额在2016年年初的现值。

4. 目的:练习风险程度与投资风险价值的计算。

资料:新华工厂准备以1000万元投资一条新的生产线,预计该生产线每年的收益及概率如下:

每年收益(万元)	发生概率
240	0.2
200	0.5
100	0.3

假设行业风险系数为6%。

要求:计算该项目的收益期望值、标准离差、标准离差率及要求的风险收益。

5. 目的:练习风险程度与投资风险价值的计算。

资料:某企业集团准备对外投资,现有三家公司可供选择,分别

为甲公司、乙公司和丙公司,这三家公司的年预期收益及概率的资料
如下:

市场状况	概率	年预期收益(万元)		
		甲公司	乙公司	丙公司
良好	0.3	40	50	80
一般	0.5	20	20	10
较差	0.2	5	−5	−25

要求:假定你是该企业集团的稳健型决策者,请依据风险与收益
原理做出选择。

6. 目的:练习预付年金和延期年金现值的计算。

资料:某企业对某项目进行资本预算,经过预算,第1年至第10
年年初的现金流量分别为3000元、3000元、3000元、3000元、5000元、
5000元、5000元、5000元、5000元、6000元,假设折现率9%。

要求:计算该系列现金流量的现值是多少?

7. 目的:练习投资组合风险收益率的计算。

资料:某企业目前持有由A、B、C三种股票构成的证券组合,每只
股票的β系数值分别为0.5、0.9和1.1,他们在证券组合中所占的比重
分别为20%、20%和60%,目前股票的市场平均收益率为8%,无风险
收益率为5%。

要求:计算该公司证券组合的风险收益率。

第三章　利用财务报表获取项目投资的财务信息

第一节　财务报表概述

　　财务报表是反映企业一定时期财务状况与经营成果的总结性书面文件,包括财务报表体系和附注。财务报表体系由资产负债表、利润表、现金流量表、所有者权益变动表等四张主要报表构成。

一、资产负债表

(一)资产负债表的概念及功能

　　资产负债表是反映企业在某一特定日期的财务状况的财务报表,它是根据资产、负债和所有者权益之间的相互关系,按照一定的分类标准和顺序,把企业在一定日期的资产、负债、所有者权益各个项目予以适当排列并对日常工作中形成的大量数据进行高度浓缩整理后编制而成的,它是企业第一张主要财务报表。资产负债表是一张静态报表,它反映的是企业在某一会计期间期末的财务状况,它是报表编制那天财务状况的一幅照片。它的功能主要有四个方面:(1)可以了解企业的资产总额及其分布与结构;(2)可以了解企业的负债总额及其结构;(3)可以了解企业的偿债能力;(4)通过前后两期或更多期资产负债表资料的比较,可以推断企业财务状况发展的趋势。

(二)资产负债表项目的分类

资产负债表项目一般按流动性分类。资产按其流动性可以分为流动资产和非流动资产。流动资产按其变现能力大小分为货币资金、交易性金融资产、应收票据、应收账款、预付款项、存货等。非流动资产又分为可供出售金融资产、长期股权投资、投资性房地产、固定资产、无形资产、商誉等等。负债按其流动性分为流动负债和非流动负债。流动负债又分为短期借款、应付账款、预收款项等。非流动负债又分为长期借款、应付债券、长期应付款等。所有者权益分为实收资本、资本公积、盈余公积和未分配利润等。

(三)资产负债表的基本内容及格式

资产负债表的整体框架由三部分组成,即表首、正表和附注。表首是报表的名称、编制日期以及表中所用的货币单位等内容;正表是资产负债表的主体内容;附注是对正表中列示项目所做的进一步说明以及对未能在报表中列示项目的说明。资产负债表的格式差别主要就在于正表部分,目前国际上流行的格式一般有左右结构的账户式和上下结构的报告式两种。我国会计准则规定的格式是账户式。表3-1给出了某公司20××年资产负债表的简要内容及格式。

表3-1 资产负债表

编制单位:××股份公司　　　　　20××年12月31日　　　　　单位:万元

资产	期末余额	年初余额	负债和股东权益	期末余额	年初余额
流动资产:			流动负债:		
货币资金	201 018	267 146	短期借款	0	0
交易性金融资产	0	0	应付票据	0	0
应收票据	110 092	75 294	应付账款	9922	54874
应收账款	542	586	预收账款	160 094	116 946
预付账款	40	9394	应付款项	276 862	211 608
其他应收款	4848	4030	流动负债合计	446 878	383 428
存货	218 504	191 742	非流动负债:		
流动资产合计	535 044	548 192	长期借款	0	0
非流动资产:			应付债券	0	0
可供出售金融资产	0	0	长期应付款	500	4500
长期股权投资	686	730	非流动负债合计	500	4500
投资性房产	0	0	股东权益:		
固定资产	1 103 060	889 364	股本	271 140	225 950
无形资产	13 766	14 060	资本公积	248 042	293 066
非流动资产合计	1 117 512	904 154	盈余公积	187 938	143 952
			未分配利润	498 058	401 450
			股东权益合计	1 205 178	1 064 418
资产合计	1 652 556	1 452 346	负债和股东权益合计	1 652 556	1 452 346

二、利润表

(一)利润表的概念及作用

利润表是反映企业在一定会计期间的经营成果的财务报表。它是根据企业一定会计期间发生的各项收入与各项成本费用支出经过配比计算编制而成的。利润表属于动态报表,它反映的是企业一定会计期间的生产经营成果。它好比企业一定会计期间生产经营成果的一部录像。利润表是企业第二张主要财务报表。通过利润表,企业的所有者可以了解和考核管理人员的经营业绩,分析和预测企业的获利能力,从而把企业的经营管理导向正确的发展道路;债权人和所有者都可以分析测定企业损益的发展变化趋势,做出对其有利的信贷和投资决策。管理人员运用此表提供的构成企业利润或亏损的各种资料,可以分析出企业损益的形成原因,有利于做出合理的经营决策。

(二)利润表的内容及格式

利润表的整体框架由三部分组成,即表首、正表和附注。表首是报表的名称、编制日期以及表中所用的货币单位等内容;附注是对正表中列示项目所做的进一步说明以及对未能在报表中列示项目的说明。正表是利润表的主体内容,从内容上看,主要由收入、费用、利得和损失四部分构成;从结构上看,利润表分为营业利润、利润总额、净利润和每股收益四部分。利润表的格式差别主要就在于正表部分,目前国际上流行的格式一般有多步骤式和单步骤式两种。我国会计准则规定的格式是多步骤式。表3-2给出了某公司20××年利润表的简要内容及格式。

表3-2　利润表

编制单位:××股份公司　　　　　　　20××年　　　　　　　　单位:万元

项目	本年金额	上年金额
一、营业收入	1 267 358	1 142 070
减:营业成本	697 102	640 108
税金及附加	135 270	154 360
销售费用	138 626	98 112
管理费用	83 030	80 200
财务费用	− 5672	− 5338
资产减值损失	0	0
加:公允价值变动收益	0	0
投资收益	− 112	36
二、营业利润	218 890	174 664
加:营业外收入	406	214
减:营业外支出	1848	1064
三、利润总额	217 448	173 814
减:所得税费用	76 690	50 018
四、净利润	140 758	123 796
五、每股收益		
(一)基本每股收益(元)	0.52	0.55
(二)稀释每股收益(元)	0.52	0.55

三、现金流量表

(一)现金流量表的相关概念

现金流量表是指反映企业在一定会计期间现金和现金等价物流入和流出的财务报表。现金流量表中的现金是指企业库存现金和可以随时用于支付的银行存款;现金等价物是指企业持有的期限短、流动性强、易于转换为已知金额现金、价值变动风险很小的投资;经营活动是指企业投资活动和筹资活动以外的所有交易和事项;投资活动是指企业长期资产的购建和不包括在现金等价物范围内的投资及其处置活动;筹资活动是指导致企业资本及债务规模和构成发生变化的活动;现金流量是指企业现金和现金等价物流入和流出,它包括经营活动产生的现金流量、投资活动产生的现金流量和筹资活动产生的现金流量;直接法是指通过现金流入和现金流出的主要类别列示经营活动的现金流量,采用直接法时,有关经营活动现金流量的信息可以通过企业的会计记录直接取得;间接法是指以本期净利润为起算点,调整不涉及现金的收入、费用、营业外收支等有关项目,剔除投资活动、筹资活动对现金流量的影响,据此计算出经营活动现金流量的方法。

(二)现金流量表的作用

现金流量表主要提供有关企业现金流量方面的信息。在市场经济条件下,企业的现金流转情况很大程度上影响着企业的生存和发展。企业现金充裕,就可以及时购入必要的材料物资和固定资产,及时支付工资、偿还债务、支付股利和利息;反之,轻则影响企业的正常生产经营,重则危及企业的生存。现金管理已经成为企业财务管理的一个重要方面,受到企业管理人员、投资者、债权人以及政府监管部门的关注。企业编制的现金流量表有助于评价企业支付能力、偿债能力、周转能力,有助于预测企业未来的现金流量,有助于分析企业收益质量及影响现金净流量的因素。

(三)现金流量表的内容

现金流量表的整体框架由三部分组成,即表首、正表和附注。表首是报表的名称、编制日期以及表中所用的货币单位等内容;正表是现金流量表的主体内容,从内容上看,主要由经营活动产生的现金流量、投资活动产生的现金流量、筹资活动产生的现金流量、汇率变动对现金及现金等价物的影响以及现金及现金等价物净增加额等五部分构成。附注是对正表中列示项目所做的进一步说明以及对未能在报表中列示项目的说明,包括将净利润调节为经营活动现金流量的信息、以总额披露当期取得或处置子公司及其他营业单位的信息、与现金和现金等价物有关的信息;表3-3给出了某公司20××年现金流量表的简要内容及格式。

表3-3 现金流量表

编制单位:××股份公司　　　　　20××年　　　　　单位:万元

项目	本期金额	上期金额
一、经营活动产生的现金流量:		
销售商品、提供劳务收到的现金	1 520 384	
收到税费返还	0	
收到其他与经营活动有关的现金	9572	
经营活动现金流入小计	1 529 956	
购买商品、接受劳务支付的现金	809 258	
支付给职工以及为职工支付的现金	62 616	

续 表

项目	本期金额	上期金额
支付的各项税费	250 270	
支付其他与经营活动有关的现金	198 880	
经营活动现金流出小计	1 321 024	
经营活动产生的现金流量净额	208 932	
二、投资活动产生的现金流量：		
收回投资所收到的现金	834	
取得投资收益所收到的现金	0	
处置固定资产、无形资产和其他长期资产收回的现金净额	1394	
处置子公司及其他营业单位收到的现金净额	0	
收到其他与投资活动有关的现金	0	
投资活动现金流入小计	2228	
购建固定资产、无形资产和其他长期资产所支付的现金	274 166	
投资所支付的现金	0	
取得子公司及其他营业单位支付的现金净额	0	
支付其他与投资活动有关的现金	0	
投资活动现金流出小计	274 166	
投资活动产生的现金流量净额	− 271 938	
三、筹资活动产生的现金流量：	0	
吸收投资收到的现金	0	
取得借款收到的现金	0	
收到其他与筹资活动有关的现金	0	

续　表

项目	本期 金额	上期 金额
筹资活动现金流入小计	0	
偿还债务支付的现金	0	
分配股利、利润和偿还利息支付的现金	3122	
支付其他与筹资活动有关的现金	0	
筹资活动现金流出小计	3122	
筹资活动产生的现金流量净额	− 3122	
四、汇率变动对现金及现金等价物的影响	0	
五、现金及现金等价物净增加额	− 66 128	
加：期初现金及现金等价物余额	267 146	
六、期末现金及现金等价物余额	201 018	

四、财务报表附注

附注是财务报表的重要组成部分。企业应当按照规定披露附注信息，其主要内容有：(1)企业的基本情况；(2)财务报表的编制基础；(3)遵循企业会计准则的声明；(4)重要会计政策和会计估计；(5)会计政策和会计估计变更以及差错更正的说明；(6)报表重要项目的说明；(7)或有事项；(8)资产负债表日后事项；(9)关联方关系及其交易。

第二节　利用财务报表获取项目投资财务信息概述

一、利用财务报表获取项目投资财务信息的目的与内容

(一)利用财务报表获取项目投资财务信息的目的

财务报表是会计信息系统的产物,必须将财务报表数据转换成有用的项目投资信息,才能帮助项目投资信息使用者改善决策。项目投资信息使用者主要包括所有者、债权人等,不同的信息使用者其目的不太相同。

(1)所有者:分析企业资产的盈利能力,以决定是否投资;分析企业的盈利状况、股价变动和发展前景,以决定是否转让股份;分析资产盈利水平、破产风险和竞争能力,以考查经营者业绩;分析筹资状况,以决定股利分配政策等。

(2)债权人:分析贷款的报酬和风险,以决定是否给企业贷款;分析债务人资产的流动性,了解债务人的短期偿债能力;分析盈利状况,了解债务人的长期偿债能力等。

(二)利用财务报表获取项目投资财务信息的内容

(1)分析企业的盈利能力,评价企业利润目标的完成情况和不同年度盈利水平的变动情况,预测企业的盈利前景。

(2)分析企业的偿债能力,分析企业资本结构,估量对债务资本的利用程度。

(3)分析企业资产的营运能力,评价企业资产的分布情况和周转使用情况。

(4)综合分析,从总体上分析评价企业的财务状况和经营成果,揭示企业财务活动方面的优势和薄弱环节,找出改进经营管理工作

的主要方面。

二、利用财务报表获取项目投资财务信息的方法

利用财务报表获取项目投资财务信息的方法很多,如比较分析法、因素替换法、比率分析法,其中比较分析法是基本方法。

(一)比较分析法

比较分析法是将可比的财务指标进行比较,根据比较的差异,分析企业财务状况和经营成果的一种方法。指标比较的范围,包括以下四个方面。

(1)以报告期实际指标与计划(预算、目标等)指标相比较。这种比较一方面可以揭示计划(预算、目标)的完成情况,另一方面也可以评价计划(预算、目标)本身的正确性和先进性。

(2)以报告期实际指标与上期实际指标相比较。这种比较可以反映指标的变动情况及其发展速度,据以研究其发展变化趋势。

(3)以报告期实际指标与本企业历史最好水平相比较。这种比较可以了解企业的现状,以便找出差距,分析原因,赶超历史先进水平。

(4)以报告期实际指标与条件大体相同的先进企业相比较。这种比较可以找出本企业的薄弱环节,反映企业在同行业竞争中的地位。

在运用比较法进行分析时,必须注意指标之间的可比性,做到指标时间范围必须一致,指标包含内容和计算方法必须一致,不同企业之间的生产经营条件大体相同。

(二)因素替换法

因素替换法,又称连环替换法。它是在比较分析法的基础上,分析某项财务指标的差异受哪些因素影响及其影响程度的一种方法。

企业各项财务指标的完成情况是受许多因素综合影响的结果,这些因素可能按照不同的方向发生不同的影响,同时各个因素所发生的影响又是相互联系的,因此,要分析各个因素对财务指标完成结果的影响程度,只有顺序地把其中一个因素当作可变,而暂时把其他因素当作不变的情况下,才能单独地反映出这个因素的变动对被分析指标的影响程度。这样能帮助人们找出影响指标变动的主要因素与次要因素,以便抓住主要矛盾,使分析更深入。

【例3-1】某企业上期的毛利额为48 000万元,本期实际毛利额为70 600万元。其指标构成如表3-4所示:

表3-4　毛利额的影响因素分析表

单位:万元

项目	上期实绩	本期实绩	差异
主营业务收入	616 000	826 600	+210 600
毛利率	7.792%	8.541%	+0.749%
毛利额	47 999	70 600	+22 601

按毛利额＝主营业务收入×毛利率的关系,分析两个时期毛利额的差异22601万元,受主营业务收入和毛利率两因素变动影响的程度,其分析的方法如下:

上期实绩:616 000×7.792%＝47 999(万元)　　　　　　①

替　　换:826 600×7.792%＝64 409(万元)　　　　　　②

本期实绩:826 600×8.541%＝70 600(万元)　　　　　　③

②－①＝64 409－47 999＝16 410(万元)是由于主营业务收入的增加,毛利额增加受到影响。

③－②＝70 600－64 409＝6191(万元)是由于毛利率的提高,毛利额增加受到影响。

16 410 + 6191 = 22 601(万元)是主营业务收入的增加和毛利率的提高,对毛利额的共同影响。

通过上述分析可见,采用因素替换法,不但能看出各种因素对财务指标的影响,而且还可测定各个因素对财务指标的影响程度。在运用因素替换法测定各个因素的变动对被分析财务指标的影响时,必须注意:

(1)正确安排被分析的指标与影响因素的依存关系;

(2)正确替换各因素的顺序,先替换主要因素,后替换次要因素;先替换主观因素,后替换客观因素;先替换数量指标,后替换质量指标。替换顺序不能随意颠倒,否则会得出不同结果。

(三)比率分析法

比率分析法是把某些彼此存在关联的项目加以对比,计算出比率,据以确定财务活动变动程度的分析方法。采用这种方法,能够把某些条件下的不可比财务指标变为可以比较的指标。

比率指标主要有以下三类。

1. 结构比率

它是某项财务指标的各个组成部分与总体的比率,反映部分与总体的关系。其一般计算公式为结构比率 = 某个组成部分数额÷总体数额。利用结构比率,可以考察总体中某个部分的形成和安排是否合理,以便协调各项财务活动。

2. 效率比率

它是某项财务活动中所费与所得的比率,反映投入与产出的关系。如成本费用与销售收入的比率、利润与资本的比率等。利用效率比率指标,可以进行得失比较,考察经营成果,评价经济效益的水平。

3. 相关比率

它是以某个财务指标和与其有关但又不同的另一指标加以对比

所得的比率,反映有关财务活动的相互关系。利用相关比率指标,可以考察有联系的相关业务安排是否合理,以保障企业经营活动能够顺畅进行。如将流动资产与流动负债对比,计算出流动比率,据以判断企业的短期偿债能力。

三、利用财务报表获取项目投资财务信息的程序

(一)明确分析的目的和要求

企业进行分析时,应从本企业的实际出发,根据投资管理的需要,确定某一时期分析的目的和要求,以便有计划、有步骤地开展分析。

(二)占有资料、掌握数据

掌握真实而又足够的数据和情况,是做好分析的前提条件。除了取得会计核算等有关实际资料外,还要根据分析的目的和要求,搜集其他有关资料。对已收集的各项资料需要进行核实、加工、整理、归类。进行分析所需的财务报表资料见表3-1资产负债表、表3-2利润表、表3-3现金流量表。

(三)数量分析、调查研究

在掌握数据资料的基础上,运用定量分析方法,对企业的财务状况进行数量分析,并深入实际,调查研究,掌握生产经营活动的具体情况。

(四)综合分析,把握企业活动的本质

在基本数量分析和调查研究的基础上,还要把财务活动和生产经营活动结合起来,把各财务指标结合起来,进行全面综合分析。从生产经营管理、财务管理等方面寻找影响资本、成本、费用、利润计划完成的具体原因。在分析各种矛盾中,要抓住主要矛盾,透过现象看本质。只有这样,才能对企业的财务状况及其经营成果和现金流量做出客观正确的评价。

(五)做出评价,提出改进意见

进行分析时,必须对企业的财务状况做出正确的评价,据以指导今后的工作。在结论中,一方面要评价企业财务指标完成的情况,另一方面,要提出改善生产经营管理和财务管理的意见和方案。在评价企业财务状况时,既要肯定成绩,又要看到问题。对存在的问题,要提出切实可行的改进措施,拟订有效的方案,以便改进工作,提高企业生产经营管理和财务管理水平。

(六)撰写分析报告

分析报告是在分析结果的基础上,进行综合、概括、提炼,做出的说明性和结论性的书面材料。它是帮企业管理者研究、改进企业投资管理的一种文字和数字相结合的报告文件。分析报告也为企业投资者进行投资决策,信贷供应者制定信贷政策提供依据。

四、利用财务报表获取项目投资财务信息的局限性

利用财务报表获取项目投资财务信息时,以财务报表数据为主要分析依据,而财务报表本身存在一定的局限性。

(一)财务报表信息的披露问题

财务报表是企业会计系统的产物。每个企业的会计系统,受到会计环境和企业会计战略的影响。

会计环境因素包括会计规范和会计的管理、税务与会计的关系、外部审计、会计争端处理的法律系统、资本市场结构、公司治理结构等。这些因素是决定企业会计系统质量的外部因素。会计环境缺陷会导致会计系统缺陷,使财务数据不能完全反映企业的实际状况。会计环境的重要变化会导致会计系统的变化,影响财务数据的可比性。例如,会计规范要求以历史成本报告资产,使财务数据不代表其现行成本或变现价值;会计规范要求假设币值不变,使财务数据不按通货

膨胀率或物价水平调整;会计规范要求遵循谨慎原则,使会计预计损失而不预计收益,有可能少计收益和资产;会计规范要求按年度分期报告,使财务报表只报告短期信息,不能提供反映长期潜力的信息等。

企业会计战略是企业根据环境和经营目标做出的主观选择,不同企业会有不同的会计战略。企业会计战略包括会计政策、会计估计、补充披露及报告具体格式的选择。不同会计战略会导致不同企业财务报表的差异,并影响其可比性。例如,对同一会计事项的会计处理,会计准则允许企业选择不同的会计政策。如存货计价方法、固定资产折旧方法等。虽然财务报表附注对会计政策选择有一定的表述,但报表使用人未必能完成可比性的调整工作。

由于上述两方面的原因,财务报表信息披露存在如下局限性:(1)财务报表没有披露全部信息,管理层拥有更多的信息,得到披露的只是其中的一部分;(2)已经披露的财务信息存在会计估计误差,不可能是真实情况的准确计量;(3)管理层的各项会计政策选择,有可能导致信息可比性降低。

(二)财务报表信息的可靠性问题

只有依据符合规范的、可靠的财务报表,才能得出正确的分析结论。所谓"规范的、可靠的",是指除了上述局限性以外,没有虚假陈述。当然,外部分析人员很难认定是否存在虚假陈述,财务报表的可靠性有赖于注册会计师的鉴证。当然,注册会计师也不能保证财务报表没有任何错报和漏报。因此,分析人员必须自己关注财务报表的可靠性,对于可能存在的问题保持足够的警觉。

外部分析人员虽然不能认定财务报表是否存在虚假陈述,但可以发现一些"危险信号"。对于存有"危险信号"的报表,分析人员要进行更细致的考察或获取其他有关信息,对财务报表信息的可靠性做出自己的判断。

常见的危险信号包括：

(1)财务报告失范。不规范的财务报告,其可靠性也应受到怀疑。分析人员要关注财务报告是否存在重大遗漏,有的重大遗漏可能是因不想讲真话引起;要注意是否及时提供财务报告,不能及时提供报告暗示企业当局可能与注册会计师存在分歧。

(2)数据出现异常。对异常数据如无合理解释,应考虑该数据的真实性和一贯性是否存在问题。例如,原因不明的会计调整,可能是利用会计政策的灵活性"粉饰"报表数据;与销售相比应收账款异常增加,可能存在提前确认收入问题;净利润与经营活动现金流量净额之间的缺口加大,利润总额与应纳税所得额之间的缺口加大,可能存在盈余管理;第4季度的大额资产冲销和大额调整,可能是中期报告存在问题,但年度报告根据注册会计师的意见进行了调整。

(3)关联方交易异常。关联方交易的定价不公允,存在转移利润的可能。

(4)资本利得金额大。在经营业绩不佳时,公司可能通过出售长期资产、债务重组等交易实现资本利得。

(5)审计报告异常。无正当理由更换注册会计师,或出具非标准审计报告,有待进一步分析判断。

(三)财务报表信息的比较基础问题

在比较分析时,需要选择比较的参照标准,如同业数据、本企业历史数据或计划预算数据。

横向比较时,需要使用同业标准。同业平均数只有一般性的参考价值,未必具有代表性,或未必是合理的基准。选同行业一组有代表性的企业求平均数,作为同业标准,可能比整个行业的平均数更有可比价值。近年来,分析人员以一流企业作为标杆,进行对标分析。也有不少企业实行多种经营,没有明确的行业归属,同业比较更加困难。

趋势分析应以本企业历史数据为比较基础。历史数据代表过去，并不代表合理性。经营环境变化后，本年比上年利润提高了，未必说明已经达到应该达到的水平，甚至未必说明管理有了改进。

实际与预算比较分析应以预算为比较基础。实际与预算发生差异，可能是执行中有问题，也可能是预算不合理，两者的区分并非易事。

总之，对比较基础本身要准确理解，并且要有限定地使用分析结论，避免简单化和绝对化。

第三节　盈利能力分析

盈利能力是指企业获取利润的能力。不论是所有者还是债权人，都非常重视和关心企业的盈利能力。因为，利润是所有者取得投资收益、债权人收取本息的资金来源。因此，企业盈利能力分析十分重要。

一、利润额

利润是按照权责发生制原则、配比原则，将一定时期的全部收入抵减全部支出后的余额。利润包括三个层次：营业利润、利润总额和净利润。

（一）利润数量分析

对一个企业的利润分析，首先要分析在这一时期取得了多少利润额，并且要与目标利润（或计划、预算）相比、与过去相比，分析目标利润的完成情况以及利润是否不断增长，还要与同行业的平均水平相比，考查利润的规模以及在竞争中的地位。虽然利润额是一个绝对数指标，有其固有的缺陷，但是不断增加利润的数量以及在一个行业中拥有较大规模的利润总量是非常重要的,它体现了一个企业盈利能力的总水平。

(二)利润质量分析

利润质量是指企业利润的形成过程以及利润结果的质量。利润的数量固然很重要,但提高利润的质量较之单纯地追求利润的数量对企业更具有现实性。实际生活中常常会出现这样的矛盾:当企业陶醉于利润总额持续增长时,瞬间便被市场无情地抛弃;当一些企业利润的数量得到巨额增加时,却发现自己正濒临严重的财务困境。对利润质量的分析可以从两个方面进行。

1. 利润形成过程的质量分析

在利润的总体构成中,营业利润及其所占的比重大小是决定企业利润质量好坏的关键。如果一个企业在利润总额及总水平提高的同时,营业利润率及其在总利润中所占的比重却呈现下降趋势,往往是企业经营不稳定的危险征兆,若得不到及时纠正,企业有可能从此转入衰退以致失败。例如,2001年申请破产的美国安然公司,从1997年开始净利润逐年大幅度增长,而营业利润逐年下降,非营业利润的比重逐年加大,这就是利润质量越来越差的明显表现。诚然,非营业活动也会给企业带来收益或损失,但只是特殊情况下的个别结果,不能说明企业正常的盈利能力。当然,在营业利润水平总体滑坡的同时,如果非营业利润中的某些项目的利润水平出现较大幅度增长的势头,也往往意味着是企业调整产业结构的良好时机已经出现,如果能够迅速抓住,便可能将企业引向新的成功之路。

2. 利润结果的质量分析

对利润结果的质量分析,一是对利润各个项目所对应的资产负债表项目的质量分析,如企业收入的增加,对应资产的增加或负债的减少;费用的增加,对应资产的减少或负债的增加。二是考查企业利润的现金保障能力。我们一般讲的利润是按照权责发生制确认的会计利润,它表现为账面利润,是一种应计的现金流入量与企业的可能财富。从财务来讲,只有当应计现金流入量成为实际的现金流入量时,才表明利润的真正实现与企业财富的取得。如果会计利润不能转化为足够的实际现金流入量,那叫"纸上富贵",势必给企业带来极为不利的负面影响。对于利润的现金保障能力可以通过下列指标加以分析。

(1)净利收现率,也叫净利润现金含量,它是经营活动产生的现金流量净额与净利润的比值,它表示每一元的净利润中的经营活动现金流量净额,反映净利润的收现水平,说明企业的账面利润是否有真实的现金来保证,是体现企业现金状况、利润质量是否良好的重要指标。其计算公式为

$$净利收现率 = \frac{经营活动现金流量净额}{净利润}$$

一般来说,该指标越大,说明企业的现金流量状况越好,现金对当期利润的保障程度越强。

根据表3-2、表3-3有关资料,该公司20××年净利收现率为

$$净利收现率 = 208\ 932 \div 140\ 758 = 1.48$$

(2)每股经营现金流量净额,它是经营活动现金流量净额与普通股股数之比。其计算公式为

$$每股经营现金流量净额 = \frac{经营活动现金流量净额}{普通股股数}$$

该指标表示每一普通股能形成的经营活动现金流量净额,反映了公司在维持期初现金存量下发放现金股利的能力。把它与每股收益对照起来,能进一步说明利润的现金保障程度,如果每股收益很高,而每股经营现金流量净额很低,说明利润的现金保障程度不强。

根据表3-1、表3-3的有关资料,该公司20××年年末普通股股数为271 140万股,则该公司20××年每股经营现金流量净额为

$$每股经营现金流量净额 = 208\ 932 \div 271\ 140 = 0.77(元)$$

二、毛利率、营业利润率、销售净利润率

(一)毛利率

1. 毛利率的概念及计算

毛利率是毛利额与营业收入之比。其计算公式为

$$毛利率 = \frac{毛利额}{营业收入} \times 100\%$$

其中:毛利额 = 营业收入 - 营业成本

根据表3-2的有关资料,该公司20××年的毛利率为

毛利率 = (1 267 358 - 697 102) ÷ 1 267 358 × 100% = 45.00%

2. 毛利率分析

毛利率是营业利润率的组成基础,也是企业销售净利润率的基础。毛利率的高低可反映企业生产经营商品市场竞争力的高低。一般来说,技术含量高、质量好、品牌产品的毛利率都比较高。

(二)营业利润率

1.营业利润率的概念及计算

营业利润率是指营业利润与营业收入的比值。其计算公式为

$$营业利润率 = \frac{营业利润}{营业收入} \times 100\%$$

根据表3-2的有关数据,该公司20××年营业利润率为

$$营业利润率 = \frac{218\ 890}{1\ 267\ 358} \times 100\% = 17.27\%$$

2. 营业利润率分析

营业利润率反映每百元营业收入中所获取的利润数,相比较而

言,营业利润率更好地说明了企业经营业务的获利情况,从而能全面、完整地体现销售获利能力。显然,该指标越高,说明企业的营业获利能力越强。反之,较弱。

(三)销售净利润率

1. 销售净利润率的概念及计算

销售净利润率是净利润与营业收入的百分比,其计算公式为

销售净利润率 = (净利润 ÷ 营业收入) × 100%

根据表3-2的有关数据,该公司20××年销售净利润率为

销售净利润率 = (140 758 ÷ 1 267 358) × 100% = 11.11%

2. 销售净利润率分析

销售净利润率反映每实现100元营业收入带来多少净利润。企业在增加营业收入的同时,必须相应地获得更多的净利润,才能使销售净利润率保持不变或有所提高,这就要求企业在扩大销售的同时,注意改进经营管理,加强成本费用控制,提高盈利水平。

三、总资产报酬率、资产净利润率、净资产收益率

(一)总资产报酬率

1. 总资产报酬率的概念及计算

总资产报酬率是息税前利润总额与平均资产总额之比,也称总资产息税前利润率,其计算公式为

总资产报酬率 = (息税前利润总额 ÷ 平均总资产额) × 100%

其中:息税前利润总额 = 利润总额 + 利息费用

平均总资产额 = (期初总资产 + 期末总资产) ÷ 2

根据表3-1、表3-2的有关数据,该公司20××年总资产报酬率为

$$总资产报酬率 = \frac{217\,448 + 0}{(1\,452\,346 + 1\,652\,556) \div 2} × 100\% = 14.01\%$$

2. 总资产报酬率分析

总资产报酬率反映了企业利用全部经济资源的盈利能力。一个企业的总资产报酬率越高,表明其资产管理的效益越好,企业的财务管理水平越高,企业整体资产的投资报酬也越高。反之,一个企业的总资产报酬率越低,表明其资产管理的效益越差,企业的财务管理水平越低,企业整体资产的投资报酬也越低。

(二)资产净利润率

1. 资产净利润率的概念及计算

资产净利润率是指净利润与平均资产总额的比值,计算公式为

资产净利润率 = (净利润 ÷ 平均资产总额) × 100%

根据表3-1、表3-2的有关数据,该公司20××年资产净利润率为

$$资产净利润率 = \frac{140\,758}{(1\,452\,346 + 1\,652\,556) \div 2} \times 100\% = 9.07\%$$

2. 资产净利润率分析

把企业一定时期的净利润与企业的资产相比较,可反映企业资产利用的综合效果。该指标越高,表明资产的利用效率越高,说明企业在增加收入和节约资本使用等方面取得了良好的效果,否则相反。该指标是一个综合指标,企业的资产是由投资人投入或举债形成的。净利润的多少与企业资产的多少、资产结果、经营管理水平有着密切的关系。在分析时,可以进行横比和纵比,比较出差异并找出其原因。资产净利润率可以分解为销售净利润率与总资产周转次数,资产净利润率是这两个指标的乘积。

(三)净资产收益率

1. 净资产收益率的概念及计算

净资产收益率是指企业一定时期内的净利润同平均净资产的比率,也称权益利润率。其计算公式为

$$净资产收益率 = \frac{净利润}{平均净资产} \times 100\%$$

其中:平均净资产 = (期初净资产 + 期末净资产) ÷ 2

根据表3-1、表3-2的有关数据,该公司20××年净资产收益率为

$$净资产收益率 = \frac{140\,758}{(1\,064\,418 + 1\,205\,178) \div 2} \times 100\% = 12.40\%$$

2. 净资产收益率分析

净资产收益率是评价所有者投入资本获取报酬水平的最具综合性与代表性的指标,反映企业资本运营的综合效益。该指标通用性强,适应范围广泛,不受行业限制,在我国上市公司业绩综合排序中,该指标居于首位。一般认为,该指标越高,企业权益资本获取收益的能力越强,运营效益越好,对企业投资者保证程度越高。对该指标的具体分析,详见本章的第六节中"杜邦财务分析系统"。

四、每股收益与每股净资产

(一)每股收益

1. 基本每股收益的概念及计算

基本每股收益是指企业按照归属于普通股股东的当期净利润除以发行在外普通股的加权平均数计算出的每股收益,其计算公式为

$$每股收益 = \frac{归属于普通股股东的当期净利润}{发行在外普通股的加权平均数}$$

其中:归属于普通股股东的当期净利润,是从当期净利润中扣除不属于普通股股东的优先股股利后的净利润。发行在外普通股的加权平均数的计算公式为

发行在外普通股的加权平均数 = 期初发行在外普通股股数 + 当期新发行普通股股数 × 已发行时间 ÷ 报告期时间 - 当期回购普通股

股数×已回购时间÷报告期时间

其中:已发行时间、报告期时间和已回购时间一般按照天数计算;在不影响计算结果合理性的前提下,也可以采用简化的计算方法,即时间按月数计算;新发行普通股股数,应当根据发行合同的具体条款,从应收对价之日(一般为股票发行日)起计算确定。

根据表3-1、表3-2以及相关资料,该公司20××年没有新发行普通股和回购普通股的情况,也没有优先股,只有因股票股利而增加了普通股,则该公司20××年的基本每股收益为

$$基本每股收益 = \frac{140\,758}{271\,140} = 0.52(元)$$

2. 稀释每股收益的概念及计算

企业存在稀释性潜在普通股的,应当分别调整归属于普通股股东的当期净利润和发行在外普通股的加权平均数并据以计算稀释每股收益。稀释性潜在普通股是指假设当期转换为普通股会减少每股收益的潜在普通股,目前常见的潜在普通股主要包括:可转换公司债券、认股权证和股份期权等。

对于可转换公司债券,计算稀释每股收益时,分子的调整项目为可转换公司债券当期已确认为费用的利息等的税后影响额;分母的调整项目为假定可转换公司债券当期期初或发行日转换为普通股的股数加权平均数。

认股权证、股份期权等的行权价格低于当期普通股平均市场价格时,应当考虑其稀释性。这时计算稀释每股收益时,作为分子的净利润金额一般不变;分母的调整项目为增加的普通股股数 = 拟行权时转换的普通股股数 - 行权价格×拟行权时转换的普通股股数÷当期普通股平均市场价格。公式中的行权价格和拟行权时转换的普通股股数,按照有关认股权证合同和股份期权合约确定。公式中的当

期普通股平均市场价格,通常按照每周或每月具有代表性的股票交易价格进行简单算术平均计算。在股票价格比较平稳的情况下,可以采用每周或每月股票的收盘价作为代表性价格;在股票价格波动较大的情况下,可以采用每周或每月股票最高价与最低价的平均值作为代表性价格。无论采用何种方法计算平均市场价格,一经确定,不得随意变更,除非有确凿证据表明原计算方法不再适用。当期发行认股权证或股份期权的,普通股平均市场价格应当自认股权证或股份期权的发行日起计算。

稀释性潜在普通股应当按照其稀释程度从大到小的顺序计入稀释每股收益,直至稀释每股收益达到最小值。其中"稀释程度",根据不同潜在普通股转换的增量股的每股收益大小进行衡量,即:假定稀释性潜在普通股转换为普通股时,将增加的归属于普通股股东的当期净利润除以增加的普通股股数加权平均数所确定的金额。在确定计入稀释每股收益的顺序时,通常应首先考虑股份期权和认股权证的影响。每次发行的潜在普通股应当视为不同的潜在普通股,分别判断其稀释性,而不能将其作为一个总体考虑。

企业派发股票股利、公积金转增资本、拆股或并股等,会增加或减少其发行在外普通股或潜在普通股的数量,但不影响所有者权益总额,也不改变企业的盈利能力。企业应当在相关报批手续全部完成后,按调整后的股数重新计算各列报期间的每股收益。上述变化发生于资产负债表日至财务报告批准报出日之间的,应当以调整后的股数重新计算各列报期间的每股收益。

企业当期发生配股的情况下,计算基本每股收益时,应当考虑配股中包含的送股因素,据以调整各列报期间发行在外普通股的加权平均数。计算公式如下:

每股理论除权价格＝(行权前发行在外普通股的公允价值＋配

股收到的款项)÷行权后发行在外的普通股股数

调整系数 = 行权前每股公允价值÷每股理论除权价格

因配股重新计算的上年度基本每股收益 = 上年度基本每股收益÷调整系数

本年度基本每股收益 = 归属于普通股股东的当期净利润÷(行权前发行在外普通股股数 × 调整系数 × 行权前普通股发行在外的时间权数 + 行权后发行在外普通股加权平均数)

存在非流通股的企业可以采用简化的计算方法,不考虑配股中内含的送股因素,而将配股视为发行新股处理。

3. 每股收益分析

一般来说,每股收益越大,说明公司的盈利能力越强,公司有较好的经营和财务状况。由于每股收益大,公司可能有发放较高股利的能力,公司股票价格在市场上就会有良好的表现。但并非公司每股收益越高,公司的股价必然越高,只有当公司每股收益上升,其财务风险并无增长时,其公司的股票市价才会有良好的市场表现。每股收益还是确定股票价格的主要参考指标。在分析时,可以进行公司间的比较,以评价该公司的相对盈利能力;可以进行不同时期的比较,以了解该公司盈利能力的变化趋势。

4. 延伸指标

为使对每股收益的分析更全面、深入,可以延伸分析每股股利、股利支付率、股利保障倍数、留存盈利比率和市盈率等指标。

(1)每股股利,指现金股利总额与年末普通股股数之比。其计算公式为

每股股利 = 现金股利总额÷年末普通股股数

每股股利是反映每一普通股获得多少现金股利额指标。该指标的高低,一方面取决于该公司的盈利能力,另一方面还受公司股利政

策的影响。如果公司为扩大再生产,增强企业的后劲而多留盈利,则每股股利可能就少。反之,就多。

(2)股利支付率,指已支付的普通股每股现金股利占普通股每股收益的比率,反映公司的股利政策和支付股利的能力。其计算公式为

股利支付率 = (普通股每股现金股利 ÷ 普通股每股收益) × 100%

(3)股利保障倍数,指普通股每股收益与普通股每股现金股利的比值,也即股利支付率的倒数,其计算公式为

股利保障倍数 = 普通股每股收益 ÷ 普通股每股现金股利

该指标越大,支付股利的能力越强。它其实是一种安全性指标,可以看出净利润减少到什么程度公司仍能按目前水平支付股利。

(4)留存盈利比率,指留存盈利与净利润的比率,其计算公式为

留存盈利比率 = (留存盈利 ÷ 净利润) × 100%

其中:留存盈利 = 净利润减去全部股利(优先股股利和普通股股利)的余额

留存盈利比率的高低,反映企业的理财方针。如果企业认为有必要从内部积累资金,以便扩大经营规模,经股东大会同意可以采用较高的留存盈利比率;反之,可降低留存盈利比率。一般来说,留存盈利比率 = 1 − 股利支付率。

(5)市盈率,指普通股每股市价与每股收益的比率,其计算公式为

市盈率(倍) = 普通股每股市价 ÷ 普通股每股收益

式中的普通股每股收益一般按上年度的每股收益或本年度中期每股收益的两倍计算。市盈率是通过公司股票价格的市场表现,间接地评价公司盈利能力。市盈率是投资者比较关注的指标,它反映投资者对每股收益所愿支付的价格,可以用来估计股票的投资风险

和报酬。一般来说,市盈率越高,表明市场对公司未来的盈利能力和发展前景越看好。股票市价一定,每股收益越高,市盈率越低,投资风险越小;反之,每股收益越低,市盈率越高,投资风险越大。每股收益一定,市价越高,市盈率越高,投资风险越大;反之,市价越低,市盈率越低,投资风险亦小。市盈率分析应注意以下问题:(1)影响市盈率变动的因素之一是股票市价,而股票市价变动的因素非常复杂,所以在分析时要注重市盈率的长期变动趋势而不应只看短期的高低。(2)在每股收益很少或亏损时,市价不会降至零,很高的市盈率往往不说明任何问题,失去了意义。(3)该指标不能用于不同行业公司的比较,充满扩展机会的新兴行业股票市盈率普遍较高,而成熟工业的股票市盈率普遍较低,但不能说后者的股票没有投资价值。

(二)每股净资产

1. 每股净资产的概念及计算

每股净资产是期末净资产与普通股股数之比。其计算方式为

$$每股净资产 = \frac{期末净资产}{普通股股数}$$

式中的普通股股数参照计算每股收益时普通股股数的计算方法。

根据表3-1的有关资料,该公司20××年的每股净资产(普通股股数按年末数)为

$$每股净资产 = \frac{1\,205\,178}{271\,140} = 4.44(元)$$

2. 每股净资产分析

该指标反映了每一股普通股所拥有的净资产,它是公司对投资者回报的实力基础,它可以衡量公司股票的含金量,该指标越大,说明公司每股拥有的净资产越多,公司的发展潜力越强;它是支撑股票

市价的物质基础,数值越大,表明公司实力越强,抵御外来因素影响和打击能力也越强,就会带动股价上升;它是公司在清算时股票的账面价值,通常被认为是股票市价下跌的底限。但在分析时,只能有限地使用这一指标,因净资产是用历史成本计量的,既不反映净资产的变现价值,也不反映净资产的产出能力。

3. 延伸指标——市净率

市净率是每股市价与每股净资产的倍数关系。其计算公式为

市净率(倍数) = 每股市价 ÷ 每股净资产

市净率在一定程度上揭示了股票价格背离价值的投资风险。每股净资产是股票的账面价值,它是用成本计量的;每股市价是这些资产的现在价值,它是证券市场上交易的结果。稳健的投资者认为,市净率太高,说明股票市价背离价值太多,投资风险较大;反之,若市净率低,则说明股票市价背离价值不多,投资风险较小。而投机者可能认为,买股票就是买未来,市净率高的股票,说明有发展潜力,而市净率低的股票,没有发展前景。

第四节　偿债能力分析

偿债能力是企业清偿全部到期债务的现金保证程度。按债务偿还期限的不同(通常以1年为限),企业的偿债能力可分为短期偿债能力和长期偿债能力。短期偿债能力一般取决于企业资产变现能力及企业再融资或现款筹措能力,它与企业一定时期的获利能力大小关系不大;长期偿债能力不仅取决于当时的现金净流量,而且与企业的获利能力密切相关。

一、短期偿债能力分析

短期偿债能力是企业流动资产对流动负债及时足额偿还的保证程度，是企业当前财务能力，特别是流动资产变现能力的重要标志。反映企业短期偿债能力的指标主要有流动比率、速动比率、现金比率、现金到期债务比率和现金流动负债比率等。

（一）流动比率

1. 流动比率的概念及计算

流动比率是流动资产与流动负债的比值，其计算公式为

$$流动比率 = \frac{流动资产}{流动负债}$$

根据表3-1的有关资料，该公司20××年的流动比率为

$$流动比率 = \frac{535\,044}{446\,878} = 1.20$$

2. 流动比率分析

一般而言，流动比率越大，其偿债能力就越强，对债权人也越有保障。一般认为，流动比率为2是较理想的。流动比率过高，表示流动资产积压太多，没有充分利用；反之，则有可能出现偿还短期债务困难，甚至可能导致破产。在分析流动比率时，要注意几个问题：

（1）流动比率为2较理想的观点，是从全社会企业平均水平而言的，具体到各行业又有其行业的不同特点，如加工业和制造业的平均流动比率一般要高于商业、旅游业和服务业。所以考察此比率时须与同一行业其他企业相比较，才能得出较为合理的解释。

（2）孤立地看这一企业某个时点的流动比率，往往只能得到肤浅的解释，而如果把它同去年同期或前几年的数据进行比较，则可能会更进一步地了解到企业短期偿债能力改善或恶化的情况，从而采取

相应的措施。

（3）流动比率反映企业短期偿债能力，仅仅是一个粗略的估计，它并没有考虑流动资产各项目的流动性，而流动资产中各项目流动性并不是一样的，例如存货、预付账款、待摊费用是不一定能立即变现的，所以要更准确地分析企业偿还短期债务能力，应扣除这些因素，即利用速动比率作做一步分析。

（二）速动比率

1. 速动比率的概念及计算

速动比率是指速动资产与流动负债的比率，是衡量企业在某一时点上运用随时可变现资产偿付到期债务的能力，它是对流动比率的补充。其计算公式为

$$速动比率 = \frac{速动资产}{流动负债}$$

从理论上讲，前面所谈到的流动性不强或者若在短时间内变现则可能会有很大折价的资产都不属于速动资产。在流动资产中，短期投资（有价证券）可以立即在证券市场上出售而变现，应收票据和应收账款通常也能在较短时间内变为现金，属于速动资产，而存货则流动性较差，变现时间长，而且有可能发生冷、背、残、次，不属于速动资产；预付账款、待摊费用等在流动资产中一般比重较小，可忽略考虑（如比重较大也可以在速动资产中扣除）。因此，按资产变现速度快慢进行划分：速动资产 = 流动资产 - 存货。

根据表3-1的有关资料，该公司20××年的速动比率为

$$速动比率 = \frac{535\,044 - 218\,504}{446\,878} = 0.71$$

2. 速动比率分析

一般情况下，正常的速动比率是1。与流动比率一样，速动比率

过高也可能说明企业投资过于保守,而过低则会被认为是短期偿债能力偏低。当然,要注意的是不同的行业速动比率不完全一样,有的甚至差别很大。如大量采用现金销售的零售商店,几乎没有应收账款,大大低于1的速动比率是很正常的;相反,一些应收账款较多的企业,速动比率大于1,才可能是正常的。所以,我们在分析时一般要参考同行业资料和本企业历史情况进行判断。

(三)现金比率

1. 现金比率的概念及计算

现金比率是企业现金类资产与流动负债的比率。现金类资产包括企业所拥有的货币资金和持有的短期有价证券,也可用速动资产扣除应收款项后的余额来计算。由于应收款项存在发生坏账损失的可能,因此,速动资产扣除应收款项后计算出来的金额,最能反映企业偿还短期债务的能力。其计算公式为

$$现金比率 = \frac{货币资金 + 短期有价证券}{流动负债}$$

根据表3-1的有关资料,该公司20××年的现金比率为

$$现金比率 = \frac{201\,018}{446\,878} = 0.45$$

2. 现金比率分析

现金比率高,说明企业即刻变现能力强,就是随时可以偿还短期债务。如果这个指标很高也不一定是好事。它可能反映该企业不善于充分利用现金资源,没有把现金投入经营以获取更多的利润。在评价企业变现能力时,一般来说,现金比率重要性不大,因为不可能要求企业用货币资金和短期有价证券来偿还全部流动负债,企业也没有必要总是保持足够还债的货币资金和短期有价证券。但是,当发现企业的应收账款和存货的变现能力存在问题,现金比率就显得

很重要了。它表明在最坏情况下,企业的短期偿债能力。

(四)现金流动负债比率

通过计算流动比率、速动比率以及现金比率,可以反映出企业的短期偿债能力。但它们都是根据资产负债表中流动资产、速动资产以及现金类资产的账面数计算出来的,有一定的局限性。许多企业账面上有大量的流动资产、速动资产,但因没有足够的可用于偿债的现金,而导致不能偿还到期债务,严重的会被破产清算。真正能用于偿还债务的是现金流量,尤其是经营活动产生的现金净流量,所以在计算出流动比率、速动比率以及现金比率后,还要计算现金流量与负债的有关比率,使得分析更全面。

现金流动负债比率是指经营活动现金流量净额与流动负债的比值,其计算公式为

$$现金流动负债比率 = \frac{经营活动现金流量净额}{流动负债}$$

现金到期债务比率和现金流动负债比率分别反映出经营活动产生的现金流量净额偿还到期债务和流动负债的保证程度。计算出的两个比率要与企业同行业平均水平相比较进行分析,不能片面说某个比值数高就绝对好,低就不好。

根据表3-1、表3-3的有关资料,该公司20××年的现金流动负债比率为

$$现金流动负债比率 = \frac{208\,932}{446\,878} = 0.47$$

二、长期偿债能力分析

长期偿债能力是指企业偿还长期负债的能力。企业的长期负债,一般包括长期借款、应付债券、长期应付款等。反映长期偿债能

力的指标主要有以下几种。

(一)负债比率

1. 负债比率的概念及计算

负债比率也称资产负债比率或举债经营比率,是企业负债总额与资产总额的比率,用于衡量企业负债水平的高低,其计算公式为

$$负债比率 = \frac{负债总额}{资产总额} \times 100\%$$

根据表3-1的有关资料,该公司20××年的负债比率为

$$负债比率 = \frac{447\,378}{1\,652\,556} \times 100\% = 27.07\%$$

2. 负债比率分析

该指标表示企业对债权人资金的利用程度。该指标对不同信息使用者的意义不同:

(1)从债权人的立场看,他们强调企业负债比率要低,总希望把钱借给那些负债比率比较低的企业,因为如果一个企业负债比率比较低,他们收回钱的可能性就会大一些。他们非常关心企业每1元钱背后有多少资产作为坚实后盾,到期能否收回本息。因此,对债权人来说,负债比率越低越安全。

(2)从所有者的角度看,由于企业通过举债筹措的资本与所有者提供的资本在经营中发挥同样的作用,所以,所有者关心的是全部资本利润率是否超过借入资本利息率。因为,在这种条件下,所有者得到的利润就会加大,如果相反,则对所有者不利。因此,从所有者的立场看,在全部资本利润率超过借入资本利息率时,负债比率越大越好,否则反之。

(3)企业经营者对负债比率强调的是负债要适度,因为负债比率太高,风险就大,负债比率低,又显得太保守。负债比率适度既能保

证企业进行经营活动所需的资金,又能保证债权人提供的资金的安全性。

在负债比率基础上,可派生出与负债比率相关的几个比率。如股东权益比率、权益乘数、产权比率。

(1)股东权益比率 = 股东权益总额 ÷ 总资产 × 100%。股东权益比率与负债比率之和等于1。负债比率越低,股东权益比率也就越高,偿债能力就越强。

(2)权益乘数是股东权益比率的倒数,权益乘数 = 资产总额 ÷ 股东权益总额。负债比率越大,权益乘数就越大,偿债能力就越弱。

(3)产权比率是负债总额与股东权益总额的比率,反映出企业股东权益对债权人权益的保障程度。负债比率越低,产权比率越低,偿债能力越强。

股东权益比率、权益乘数和产权比率从不同角度反映企业长期偿债能力,其经济意义与负债比率相同,对负债比率起补充作用。

根据表3-1的有关资料,该公司20××年的股东权益比率、权益乘数和产权比率分别为

股东权益比率 = 1 205 178 ÷ 1 652 556×100% = 72.93%

权益乘数 = 1 652 556 ÷ 1 205 178 = 1.37

产权比率 = 447 378 ÷ 1 205 178 × 100% = 37.12%

(二)有形资产债务率

并非企业所有的资产都可以用来作为偿债的物质保证的。如待摊费用、待处理财产损失与递延资产等本身并无直接变现能力。至于无形资产能否用于偿债,也存在着极大的不确定性(在企业清算时,无形资产的经济价值往往不复存在或是大打折扣),所以为稳妥起见,应将上述资产从资产总额中予以扣除,以便将企业偿债能力分析建立在更加切实可靠的物质保障基础之上,这就是我们通常所说

的有形资产债务率。其公式为

$$有形资产债务率 = \frac{负债总额}{有形资产总额} \times 100\%$$

其中:有形资产总额 = 资产总额 − (无形资产 + 递延资产 + 待摊费用 + 待处理财产损失)

根据表3-1的有关资料,该公司20××年的有形资产债务率为

$$有形资产债务率 = \frac{447\,378}{1\,652\,556 - 13\,766} \times 100\% = 27.30\%$$

(三)有形净资产债务率

与有形资产债务率相似,为了更加可靠地评价企业资本对负债偿还的承受能力与保障程度,可设置有形净资产债务率。其计算公式为

$$有形净资产债务率 = \frac{负债总额}{有形净资产总额} \times 100\%$$

其中:有形净资产总额 = 有形资产总额 − 负债总额

根据表3-1的有关资料,该公司20××年的有形净资产债务率为

$$有形净资产债务率 = \frac{447\,378}{1\,638\,790 - 447\,378} \times 100\% = 37.55\%$$

(四)已获利息倍数

已获利息倍数也称利息保障倍数,是息税前利润与债务利息的比值。其计算公式为

$$已获利息倍数 = \frac{息税前利润}{债务利息}$$

已获利息倍数反映了企业获利能力对债务利息偿还的保障程度。它是企业举债经营的前提,也是衡量企业长期偿债能力大小的重要标志。一般来说已获利息倍数至少大于1,且比值越大越好,如比值过小,则企业面临亏损,偿债风险增大。在利用已获利息倍数这

个指标时要注意：

（1）利润总额是指正常的经营利润，由非正常项目带来的收支净额应当扣除；

（2）债务利息应包含短期债务与长期债务利息在内，若单独分析长期偿债能力，只需将"债务利息"改为长期债务利息即可；

（3）若已获利息倍数小于1，企业在短期内也有可能支付到期债务利息，主要是因为有些费用属于非付现成本（如折旧、待摊费用的摊销等），所以在评价企业短期偿还债务利息的能力时可将上述公式调整为下式：

短期已获利息倍数 =（利润总额 + 利息费用 + 非付现成本）÷ 债务利息

根据表3-1、表3-2、表3-3的有关资料，该公司20××年没有利息支出，也就没有必要计算已获利息倍数，事实上该公司20××年偿债能力非常强。

（五）现金债务总额比

现金债务总额比是指经营活动现金流量净额与债务总额的比值，其计算公式为

现金债务总额比 = 经营活动现金流量净额 ÷ 债务总额 × 100%

根据表3-1、表3-3的有关资料，该公司20××年的现金债务总额比为

现金债务总额比 = 208 932 ÷ 447 378 × 100% = 46.70%

这个比率越高，企业承担债务能力越强。该公司最大的付息能力是46.70%，即利息率高达46.70%时企业仍能按时付息。只要能按时付息，就能借新债还旧债，维持债务规模。假设市场利率是15%，那么该公司最大的负债能力是208 932 ÷ 15% = 1 392 880（万元）。仅从付息能力看，企业还可借债945 502万元（1 392 880-447 378），可见

该公司举债能力是非常好的。

三、影响企业偿债能力的表外因素

上述偿债能力指标,都是从财务报表资料中获取的。还有一些因素在财务报表资料中没有反映出来,但它们也会影响企业的偿债能力,有时影响力甚至相当大。

(一)影响企业短期偿债能力的表外因素

1. 增强短期偿债能力的表外因素

(1)可动用的银行贷款额度:银行已同意、企业未办理贷款手续的银行贷款限额,可以随时增加企业的现金,提高支付能力。

(2)准备很快变现的长期资产:由于某些原因,企业可能将一些长期资产很快出售变为现金,增强短期偿债能力。

(3)长期偿债能力的声誉:如果企业的长期偿债能力一贯很好,有一定的声誉,当短期偿债方面出现困难时,可以很快地通过发行债券和股票等办法解决资金短缺问题,提高短期偿债能力。

2. 减弱短期偿债能力的表外因素

主要是或有负债,对于或有负债,按我国《企业会计准则》和《企业会计制度》的规定,只有预计很可能发生损失并且金额能够可靠计量,才可在财务报表中予以反映,否则只需作为报表附注予以披露。这些没有记录的或有负债一旦成为事实上的负债,将加大企业的偿债负担。

(二)影响企业长期偿债能力的表外因素

1. 经常性的经营租赁

当企业的经营租赁量比较大、期限比较长或具有经常性时,就形成了一种长期性筹资,这种长期性筹资虽然不包括在长期负债之内,但到期时必须支付租金,会对企业的长期偿债能力产生影响。

2. 担保责任

担保项目的时间长短不一,有的涉及企业的长期负债,有的涉及企业的短期负债。在分析企业长期偿债能力时,应根据有关资料判断担保责任带来的潜在的长期负债问题。

3. 或有负债

或有负债一旦发生,不仅对短期偿债能力有影响,对长期偿债能力也会产生影响,因此,在评价企业长期偿债能力时不得不对或有负债予以足够的重视。

第五节　营运能力分析

企业营运能力是指企业对自身资源(包括人、财、物)运用的效率。显然,企业营运能力直接表现为企业效率的高低,是影响企业发展的决定性因素,是企业盈利能力与偿债能力能否提高的关键。营运能力分析包括人力资源营运能力分析和各项资产营运能力的分析。

一、人力资源营运能力分析

人力资源是企业生产经营的主体,是企业财富的直接创造者。任何企业,如果人力资源配置不合理,运用效率不高,则企业的资产营运能力、盈利能力、偿债能力都不可能令人满意。相反,人力资源运用效率提高,则会促进其他财务指标的好转。可见,对人力资源营运能力的分析非常重要。人力资源的营运能力分析主要采用劳动生产效率指标,即企业营业收入或净产值与平均职工人数的比值。其计算公式为

$$劳动生产效率 = \frac{营业收入或净产值}{平均职工人数}$$

值得注意的是,劳动生产效率指标在不同行业差别很大,只有在同行业及同类企业中才有较大的可比性,因此,要将本企业与同行业先进企业相比;同时,也要将本企业本期实际与过去实际相比及与本期计划相比,找出差异并分析造成差异的原因,从而采取适当的对策。

二、各项资产营运能力分析

资产营运能力的强弱,关键取决于周转速度,一般来说,周转速度越快,资产的使用效率越高,资产营运能力越强;反之,则其营运能力就越差。资产营运能力的分析可以从以下几个方面进行。

(一)总资产周转率

总资产周转率是指营业收入与平均资产总额的比值。其计算公式为

$$总资产周转率(次数) = \frac{营业收入}{平均资产总额}$$

$$总资产周转天数 = 计算期天数 \div 总资产周转次数$$

其中:平均资产总额 =(期初资产总额 + 期末资产总额)÷ 2

该指标反映总资产周转的速度,总资产周转次数值越大、周转天数值越小,反映总资产周转越快,总资产使用效率越高,企业营运能力越强。总资产周转率是考察企业资产营运效率的一项重要指标,反映了企业全部资产的管理质量和使用效率。运用该指标时要注意平均资产总额要按分析期的不同来确定,要与销售收入净额在时间上保持一致。同时,平均资产总额一般取期初与期末的平均值,如果资产总额的波动较大,还应分阶段予以平均(如欲得到年平均资

产总额,可分别取各月期初与期末平均值,再将这些平均值予以平均而得到)。

根据表3-1、表3-2的有关资料,该公司20××年的总资产周转率为

$$总资产周转率(次数) = \frac{1\,267\,358}{(1\,452\,346 + 1\,652\,556) \div 2} = 0.82(次)$$

(二)流动资产周转情况分析

反映流动资产周转情况的指标主要有流动资产周转率、应收账款周转率和存货周转率。

1. 流动资产周转率

流动资产周转率是指企业在一定时期所实现的营业收入与其对应的流动资产平均余额之间的比率。以此反映流动资产周转速度的快慢。其计算公式为

$$流动资产周转率(次数) = \frac{营业收入}{流动资产平均余额}$$

$$流动资产周转天数 = 计算期天数 \div 流动资产周转次数$$

其中:流动资产平均余额 =(期初流动资产余额 + 期末流动资产余额)÷2

在一定时期内,流动资产周转次数越多,流动资产周转天数越少,表明以相同的流动资产完成的周转额越多,或表明完成同样的周转额所需要的流动资产平均占用额越少,流动资产利用效率越高。反之,则相反。

根据表3-1、表3-2的有关资料,该公司20××年流动资产周转率为

$$流动资产周转率(次数) = \frac{1\,267\,358}{(548\,192 + 535\,044) \div 2} = 2.34(次)$$

2. 应收账款周转率

应收账款周转率是反映应收账款周转速度的指标,有两种表示方式:一种是应收账款周转次数,另一种是应收账款周转天数。其计算公式为

$$应收账款周转率(次数) = \frac{赊销净额}{应收账款平均余额}$$

$$应收账款周转天数 = \frac{计算期天数}{应收账款周转次数}$$

其中:赊销净额 = 营业收入 − 现销收入

应收账款平均余额 = (期初应收账款 + 期末应收账款) ÷ 2

一般来说,应收账款周转次数越大,其周转天数也就越短,说明应收账款周转速度越快,企业应收账款管理工作的效率就越高。反之,则表明应收账款周转速度慢。考察应收账款周转次数或应收账款周转天数时要注意几个问题:

(1)计算周转次数时分母是应收账款平均余额,如对于应收账款发生较均匀的企业来说,考察一年中的应收账款周转次数可用年初与年末的应收账款平均余额;如对销售季节性强的企业,应取每一阶段(如季度或月份)的期初期末分别平均而得到的余额才有可能更真实地反映企业营运能力的实际情况。

(2)应收账款周转率是对流动比率和速动比率的修正和补充。在一般情况下,流动比率和速动比率提高有利于短期债权人收债,但企业应收账款平均余额增大,应收账款回收变现速度缓慢,也会提高流动比率与速动比率。在这种情况下,流动比率和速动比率提高反而不利于债权人收回债款,这样流动比率和速动比率提高对债权人有利便成为一种误解。

(3)一般说应收账款周转次数越高,周转天数越少,对企业越有

利。但从另一角度说,如平均收款期太短,则说明企业可能对赊销条件或付款期限控制过紧,销售政策过严,有可能因此而失去许多销售机会。因此,企业生产应根据实际情况,把科学合理的信用政策与加速应收账款周转速度结合起来考虑,统筹安排。

(4)从理论上说,计算应收账款周转次数时,其分子应该用"赊销净额",但在实际上,由于"赊销净额"这项数据很难取得,一般也就用"营业收入净额"来代替,只要保持历史的一贯性,使用"营业收入净额"来计算该指标一般不影响其分析和利用价值。

根据表3-1、表3-2的有关资料,设20××年的营业收入中赊销部分占40%,则该公司20××年应收账款周转率为

$$应收账款周转次数 = \frac{1\,267\,358 \times 40\%}{(586 + 542) \div 2} = 898.84(次)$$

$$应收账款周转天数 = 360 \div 898.84 = 0.4(天)$$

3. 存货周转率

它是反映存货周转速度的指标,也有两种表示方法:一种是存货周转次数;另一种是存货周转天数。其计算公式为

存货周转次数 = 营业成本 ÷ 存货平均余额

存货周转天数 = 计算期天数 ÷ 存货周转次数

其中:存货平均余额 = (期初存货 + 期末存货) ÷ 2

在一般情况下,存货周转次数越大,存货周转天数就越短,表明存货周转速度就越快;反之,表明其周转速度越慢。存货周转速度的快慢,不仅反映企业的销售能力,而且能用以衡量企业生产经营中的各有关方面运用和管理存货的工作水平;不仅可以衡量存货的储存是否适当,而且可以反映存货结构是否合理与质量的合格状况。存货是流动资产中重要的组成部分,往往占到流动资产总额一半以上。因此,存货的质量和流动性对企业的流动比率具有举足轻重的影响,

进而影响了企业的短期偿债能力。存货周转速度的这些重要作用，使其成为综合评价企业营运能力的一项重要指标。

在计算存货周转率时应注意以下几个问题：

（1）存货计价方法对存货周转率具有较大影响，因此，在分析企业不同时期或不同企业的存货周转率时，应注意存货计价方法的口径是否一致。

（2）分子、分母的数据应注意时间上的对应性。

根据表3-1、表3-2的有关资料，该公司20××年的存货周转次数为

$$存货周转率（次数） = \frac{697\,102}{（191\,742 + 218\,504）\div 2} = 3.40（次）$$

$$存货周转天数 = 360 \div 3.4 = 105.88（天）$$

第六节　财务综合分析

财务分析的最终目的在于全面了解企业的经营状况、财务状况以及现金流量状况，并借以对企业经营效益的优劣做出系统的、合理的评价。这样单独分析任何一项财务指标或一张财务报表，都难以全面地评价企业经营效益，只有进行财务综合分析才行。所谓财务综合分析就是将企业财务活动看作一个大系统，对系统内相互依存、相互作用的各种因素进行综合分析，从而对企业的经营状况、财务状况以及现金流量的优劣做出准确的评价和判断。

一、杜邦财务分析系统

杜邦财务分析系统，它是利用几种主要的财务比率之间的内在联系，来综合分析企业财务状况的一种方法。它由美国杜邦公司最

先采用,故称杜邦财务分析系统。杜邦财务分析系统在分析时首先把几个主要财务比率绘制成杜邦财务分析体系框架图(如图3-1),然后利用它们之间的内在联系进行层层分析。

图3-1反映了有关财务指标之间的内在关系,其主要意义有:

(1)净资产收益率是杜邦财务分析系统的核心,它直接代表了企业净资产的盈利能力。因为,净资产即所有者财富的不断增加,体现了企业经营活动的最终成果。从图3-1可以看出,净资产收益率的变化,不但受资产净利润率的影响,而且还受权益乘数的影响,因此净资产收益率是总资产盈利水平和权益乘数(资本结构)的综合体现。

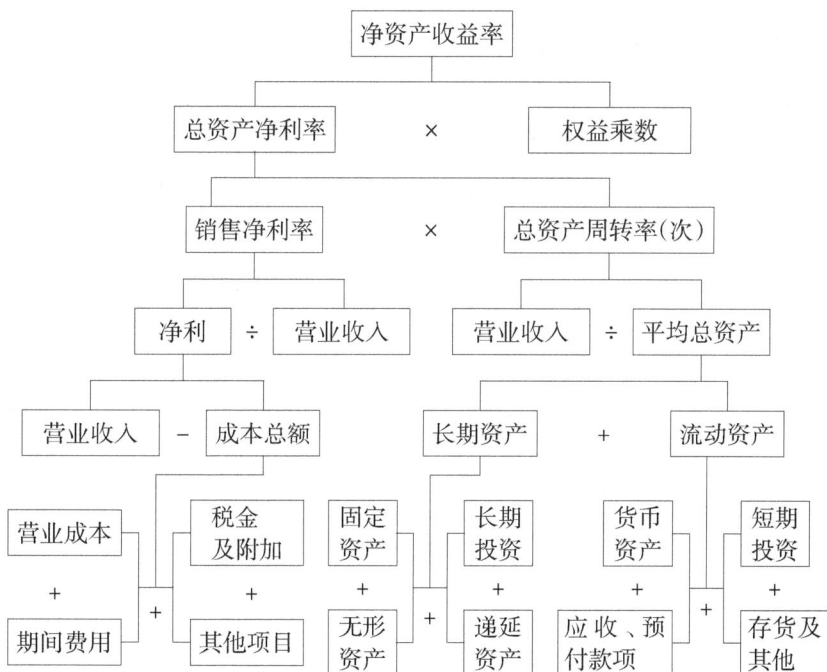

图3-1　杜邦财务分析体系的框架图

(2)资产净利润率是销售净利润率与总资产周转率的综合体现,

它是确保获得较好的净资产收益率的重要前提。因此,要进一步分析销售净利率和总资产的营运情况。

(3)销售净利润率反映了营业收入与净利润的关系。要提高销售净利润率就必须一方面增加营业收入,另一方面降低各种成本费用水平。增加营业收入不仅直接有利于提高销售净利润率,同时它也是提高总资产周转率的必要前提;降低成本费用水平,要研究成本费用水平、结构是否合理,加强成本费用水平预测和控制。

(4)总资产周转率体现了企业生产经营期间,总资产从投入到实现销售周而复始的周转速度。影响总资产周转速度的因素主要有营业收入、总资产水平以及资产结构。要加速总资产周转,必须合理配置各种资产,尤其是流动资产与长期资产的结构,以最少的资产占用实现尽可能多的销售收入。

(5)权益乘数是总资产与净资产(股东权益)之比。在总资产既定的前提下,增加负债,也就提高了权益乘数,能给企业带来较大的财务杠杆利益,同时也带来了较大的财务风险。因此,既要合理运营全部资产,又要妥善安排资本结构,这样才能有效地提高净资产收益率。

杜邦财务分析系统,就是通过这样层层分析,揭示财务指标间的相互关系,找出影响财务指标的主要因素,为决策者优化理财状况和提高企业经营效益提供思路。

在运用杜邦财务分析系统进行分析时,还可以结合因素分析法做进一步分析。

二、沃尔比重评分法

在进行财务分析时,一个主要困难是计算出财务比率之后,无法判断它是偏高还是偏低。与企业的历史比较,也只能看出企业自身的变化,却难以评价其在市场竞争中的地位优劣。为了弥补这些缺陷,亚历山大·沃尔在其于20世纪初出版的《信用晴雨表研究》和《财务报表比率分析》中提出了信用能力指数概念,他选择了七项财务比率并用线性关系结合起来,分别给定各自的比重权数,然后通过与标准比率进行比较,确定各项指标的得分及总体指标的累计分数,从而对企业的信用水平做出评价。我们用沃尔的方法,给 W 公司财务状况的评分结果如表3-5所示。

表3-5　沃尔比重评分表

财务比率	比重(%)①	标准比率②	实际比率③	相对比率④ = ③／②	评分⑤ = ①×④
流动资产/流动负债	25	2.00	3.13	1.56	39
净资产/负债	25	1.50	1.84	1.22	30.5
资产/固定资产	15	2.50	2.37	0.95	14.25
销售成本/存货	10	8	2.84	0.35	3.5
销售额/应收账款	10	6	6.03	1.01	10.1
销售额/固定资产	10	4	2.44	0.61	6.1
销售额/净资产	5	3	1.45	0.48	2.4
合计	100				105.85

沃尔比重评分法从理论上讲存在两个缺陷:一是选这七个财务指标以及每个指标所占的比重权数,缺乏理论证明和解释;二是当某项指标严重超标时,会对总评分产生不合逻辑的重大影响。尽管沃尔比重评分法存在缺陷,但这种综合分析的思路至今仍在实践中运用。

复习思考题

一、问答题

1. 利用财务报表获取项目投资财务信息的目的是什么？

2. 利用财务报表获取项目投资财务信息有哪些基本方法？

3. 项目投资如何对企业的偿债能力进行分析？

4. 项目投资如何对企业的营运能力进行分析？

5. 项目投资如何对企业的盈利能力进行分析？

6. 什么是杜邦财务分析系统？

7. 如何运用沃尔比重评分法进行财务分析？

二、计算与分析题

1. 目的：练习根据有关财务指标完成利润表。

资料：已知某公司的毛利率为25%，销售净利润率为6%，销售费用与营业收入的比率为10%。

要求：完成下列该公司简要的利润表。

利润表

编制单位：××公司　　　　　　××年　　　　　　单位：元

项目	金额
营业收入	
营业成本	
毛利额	
销售费用	
财务费用	6800
利润总额	
所得税（税率25%）	
净利润	

2. 目的：练习根据有关财务指标完成资产负债表。

资料：已知某公司20××年年初存货为2万元，该年流动比率为2，营业成本为10.2万元，速动比率为1，存货周转天数为90天，权益乘数为2.5。

要求：完成下列该公司简要的资产负债表。

资产负债表

编制单位：××公司　　　　　　20××年12月31日　　　　　　　单位：元

资产	金额	负债和所有者权益	金额
流动资产：		流动负债	
货币资金	10 000	长期负债	
应收账款		负债合计	
存货			
流动资产合计			
固定资产		所有者权益	60 000
资产合计		负债和所有者权益合计	

3. 目的：练习财务指标的计算。

资料：伟业公司××年简要的资产负债表和利润表如下。

资产负债表

编制单位：伟业公司　　　　　　××年12月31日　　　　　　　单位：千元

资产	年初数	年末数	负债和所有者权益	年初数	年末数
流动资产：			流动负债：		
货币资金	340	360	短期借款	360	560
交易性金融资产	20	20	应付票据	240	240
应收票据	220	200	应付账款	480	500

续　表

资产	年初数	年末数	负债和所有者权益	年初数	年末数
应收账款	2010	2390	预收账款	720	800
预付账款	300	300	应付款项	1200	1320
存货	3030	3250	流动负债合计	3000	3420
流动资产合计	5920	6520	长期借款	1800	2380
非流动资产:			所有者权益:		
固定资产	6300	7700	实收资本	7000	7000
无形资产	780	780	盈余公积	1000	2000
非流动资产合计	7080	8480	未分配利润	200	200
资产合计	13 000	15 000	所有者权益合计	8200	9200
			负债和所有者权益合计	13 000	15 000

利润表

编制单位:伟业公司　　　　　　　　××年度　　　　　　　　单位:千元

项目	本年金额
一、营业收入(假定50%为赊销收入)	16 460
减:营业成本	9200
营业税金及附加	820
销售费用	1600
管理费用	1400
财务费用(利息支出)	300
加:投资收益	160
二、营业利润	3300
加:营业外收入	80
减:营业外支出	180

续　表

项目	本年金额
三、利润总额	3200
减：所得税费用（税率25%）	800
四、净利润	2400

要求：

（1）计算流动比率、速动比率、现金比率、负债比率、产权比率、已获利息倍数。

（2）计算应收账款周转率、存货周转率、流动资产周转率、总资产周转率。

（3）计算毛利率、营业利润率、销售净利润率、总资产报酬率、资产净利润率、净资产收益率。

4. 目的：练习财务指标的计算与分析。

资料：某公司20××年财务报表的主要数据如下。

资产负债表

编制单位：××公司　　　　　20××年12月31日　　　　　单位：千元

资产	金额		负债和所有者权益	年末金额
	年　初	年　末		
货币资金	764	310	应付账款	516
应收账款	1156	1344	应付票据	336
存货	700	966	其他流动负债	468
固定资产	1170	1170	长期借款	1026
资产合计	3790	3790	实收资本	1444
			负债和所有者权益合计	3790

利润表

编制单位:××公司　　　　　　　20××年度　　　　　　　单位:千元

项目	金额
营业收入	8430
营业成本	6570
毛利额	1860
管理费用	980
财务费用(利息支出)	498
利润总额	382
所得税费用(税率25%)	95.5
净利润	286.5

要求:

(1)计算该公司20××年有关财务比率(下表中列出的指标)。

财务比率	本公司	行业平均水平
1. 流动比率		2
2. 速动比率		1
3. 资产负债率		50%
4. 已获利息倍数		4
5. 存货周转率		6
6. 应收账款周转率		9
7. 毛利率		20%
8. 销售净利润率		8%
9. 净资产收益率		10%

(2)与行业平均水平比较,说明该公司财务上可能存在的问题。

第四章 资本成本

第一节 资本成本的概念和用途

资本成本是项目投资的一个非常重要的概念。资本成本概念之所以重要,有两个原因:一是公司要达到企业价值最大化,必须使所有的投入成本最小化,其中包括资本成本的最小化,所以正确估计和合理降低资本成本是制定筹资决策的基础。二是公司为了增加企业价值,只能投资于投资报酬率高于资本成本率的项目,正确估计项目的资本成本是制定投资决策的基础。

一、资本成本的概念

一般来说,资本成本是指投资资本的机会成本。这种成本不是实际支付的成本,而是一种失去的收益,是将资本用于本项目投资所放弃的其他投资机会的收益,因此被称为机会成本。例如,投资人投资于一个公司的目的是取得回报,他是否愿意投资于特定企业要看该公司能否提供更多的报酬。为此,他需要比较该公司的期望报酬率与其他等风险投资机会的期望报酬率。如果该公司的期望报酬率高于所有的其他投资机会,他就会投资于该公司。他放弃的其他投资机会的收益就是投资于本公司的成本。因此,资本成本也称为投资项目的取舍率、最低可接受的报酬率。

资本成本的概念包括两个方面:一方面,资本成本与公司的筹资活动有关,它是公司募集和使用资金的成本,即筹资的成本;另一方面,资本成本与公司的投资活动有关,它是投资所要求的必要报酬率。这两个方面既有联系,又有区别。为了加以区分,我们称前者为公司的资本成本,后者为投资项目的资本成本。

(一)公司的资本成本

公司的资本成本,是指组成公司资本结构的各种资金来源成本的组合,也就是各种资本要素成本的加权平均数。

理解公司资本成本,需要注意以下问题:

1. 资本成本是公司取得资本使用权的代价

在债券和股票估价中,我们是从投资人的角度评价证券的报酬和风险。现在我们换一个角度,从筹资人(公司)的角度看,投资人从证券上所取得的报酬就是证券发行公司的成本。债权投资人的收益就是筹资公司的债务成本,权益投资人的报酬率就是筹资公司的股权成本。任何交易都至少有两方,一方的所得就是另一方所失,一方的收益就是另一方的成本。所以,投资人的税前的必要报酬率等于公司的税前资本成本。

2. 资本成本是公司投资人要求的必要报酬率

资本成本是公司投资人要求的必要报酬率。如果公司的投资报酬率超过投资人的要求,其收益大于股东的要求,必然会吸引新的投资者购买该公司股票,股价就会上升,现有股东的财富将增加。如果情况相反,有些股东会出售股票,股价就会下跌,股东的财富将减少。因此,公司的资本成本是其投资的必要报酬率,或者说是维持公司股价不变的报酬率。

　　既然公司的资本成本取决于投资人的期望报酬率,那么投资人的期望报酬率又是由什么决定的呢? 例如,一家银行贷款给一个公司,银行收取的利率就是银行投资给这家公司所要求的报酬率。因为,银行把资金贷给别人也能得到这个回报。这个利率是银行贷款的机会成本。又如,股东对一家公司投资,他预期的回报率必须足够高,这样他才不会出售股份把钱转移到其他投资机会上去。股票的期望报酬率是公司股东不撤资的机会成本。由此可见,公司的资本成本与资本市场有关,如果市场上其他的投资机会的报酬率升高,公司的资本成本也会上升。

　　3. 不同资本来源的资本成本不同

　　公司有多种资本来源,如债务、优先股、普通股等。每一种资本来源被称为一种资本要素。每一种资本要素要求的报酬率被称为要素成本。每一种要素的投资人都希望在投资上取得报酬,但是由于风险不同,每一种资本要素要求的报酬率不同。公司的资本成本是构成企业资本结构中各种资金来源成本的组合,即各资本要素成本的加权平均值。

　　债权人要求的报酬率比较容易观察。不论是取得银行贷款还是发行公司债券,都要事先规定利率。这些规定的利率可以代表投资人的要求,也就是债务的成本。当然,不同债务的风险不同,不同公司的债务成本不同,不同借款期限的债务成本也不同,但总是有明确规定的。

　　股东要求的报酬率不容易观察。权益投资者得到的报酬不是合同规定的。他们的报酬来自股利和股价上升两个方面。公司没有义务必须支付某一特定水平的股利,分配多少股利要看将来的经营状况和财务状况。股票价格有时上升,有时下降,会经常变化,因此,股价上升的收益也是不确定的。此外,股东的股利要求权排在债权人的利息之后,只有满足了债权人的要求之后,才可以分配股利。基于以上原因,股东的风险比债权人大。因此,公司应当为股东支付更高的报酬。公司为了获得权益资本,必须使权益投资人相信该权益投资的报酬率至少可以与他们放弃的等风险最佳投资机会的报酬率一样。权益投资人要求的报酬率,是一种事前的期望报酬率,而不是已经获得或实际获得的报酬率。实际报酬率和期望报酬率不同,它可能高于或低于原来的期望。公司对于期望报酬率是否能够实现,并不做出任何保证。权益投资人根据公司的现状和前景的有关信息,对可能获得的期望水平做出判断,以决定是否应该投资。

4. 不同公司的资本成本不同

一个公司资本成本的高低,取决于三个因素:(1)无风险利率,是指无风险投资所要求的报酬率。典型的无风险投资的例子是政府债券投资。(2)经营风险溢价,是指由公司未来的前景的不确定性导致的要求投资报酬率增加的部分。一些公司的经营风险比另一些公司高,投资人对其要求的报酬率也会增加。(3)财务风险溢价,是指高财务杠杆产生的风险。公司的负债率越高,普通股收益的变动性越大,股东要求的报酬率也就越高。

由于公司所经营的业务不同(经营风险不同)、资本结构不同(财务风险不同),因此各公司的资本成本不同。公司的经营风险和财务风险大,投资人要求的报酬率就会较高,公司的资本成本也就较高。

(二)投资项目的资本成本

投资项目的资本成本是指项目本身所需投资资本的机会成本。

理解项目资本成本的含义,需要注意两个问题。

1. 区分公司资本成本和项目资本成本

必须注意区分公司资本成本和项目资本成本。公司资本成本是投资人针对整个公司要求的报酬率,或者说是投资者对于企业全部资产要求的必要报酬率。项目资本成本是公司投资于资本支出项目所要求的必要报酬率。

2. 每个项目有自己的机会资本成本

因为不同投资项目的风险不同,所以它们的最低报酬率不同。风险高的投资项目要求的报酬率较高,风险低的投资项目要求的报酬率较低。作为投资项目的资本成本即项目的必要报酬率,其高低主要取决于资本运用于什么样的项目,而不是从哪些来源筹资。

如果公司新的投资项目的风险与企业现有资产平均风险相同,则项目资本成本等于公司资本成本;如果新的投资项目的风险高于企业现有资产的平均风险,则项目资本成本高于公司资本成本;如果新的投资项目的风险低于企业现有资产的平均风险,则项目资本成本低于公司的资本成本。因此,每个项目都有自己的资本成本,它是项目风险的函数。

有关项目资本成本的问题,我们将在第五章进一步讨论,本章主要讨论公司的资本成本。

二、资本成本的用途

公司的资本成本主要用于投资决策、筹资决策、营运资本管理、企业价值评估和业绩评价。

(一)用于投资决策

当投资项目与公司现存业务相同时,公司资本成本是合适的折现率。当然,在确定一个项目风险恰好等于现有资产平均风险时,需要审慎地判断。

如果投资项目与现有资产平均风险不同,公司资本成本不能作为项目现金流量的折现率。不过,公司资本成本仍具有重要价值,它提供了一个调整基础。根据项目风险与公司风险的差别,适当调增或调减可以估计项目的资本成本。评价投资项目最普遍的方法是净现值法和内含报酬率法。采用净现值法的时候,项目资本成本是计算净现值的折现率;采用内含报酬率法时,项目资本成本是其"取舍率"或必要报酬率。因此,项目资本成本是项目投资评价的基准。

(二)用于筹资决策

筹资决策的核心问题是决定资本结构。最优资本结构是使企业价值最大化的资本结构。由于估计资本结构对企业价值的影响非常困难,通常的办法是假设资本结构不改变企业的现金流,那么能使公司价值最大化的资本结构就是加权平均资本成本最小化的资本结构。预测资本结构变化对平均资本成本的影响,比预测其对企业价值的影响要容易。因此,加权平均资本成本可以指导资本结构决策。

(三)用于营运资本管理

公司各类资产的收益、风险和流动性不同,营运资本投资和长期资产投资的风险不同,其资本成本也不同。可以把各类流动资产投资看成不同的"投资项目",它们也有不同的资本成本。

在管理营运资本方面,资本成本可以用来评估营运资本投资政策和营运资本筹资政策。例如,用于流动资产的资本成本提高时,应适当减少营运资本投资额,并采用相对激进的筹资政策。决定存货的采购批量和储存量、制定销售信用政策和决定是否赊购等,都需要以资本成本为重要依据。

(四)用于企业价值评估

在现实中,经常会碰到需要评估一个企业的价值的情况,例如企业并购、重组等。在制定公司战略时,需要知道每种战略选择对企业价值的影响,也会涉及企业价值评估。

评估企业价值时,主要采用现金流量折现法,需要以公司资本成本为公司现金流量的折现率。

(五)用于业绩评价

资本成本是投资人要求的报酬率,与公司实际的投资报酬率进行比较可以评价公司的业绩。日渐兴起的以价值为基础的业绩评价,其核心指标是经济增加值。计算经济增加值需要使用公司资本成本。公司资本成本与资本市场相关,所以经济增加值可以把业绩评价和资本市场联系在一起。

总之,资本成本是连接投资和筹资的纽带,具有广泛的用途。首先,筹资决策决定了一个公司的加权平均资本成本;其次,加权平均资本成本又成为投资决策的依据,它既是平均风险项目要求的必要报酬率,也是其他风险项目资本成本的调整基础;再次,投资决策决定了公司所需资金的数额和时间,是筹资决策的依据;最后,投资于高于现有资产平均风险的项目,会增加公司的风险并提高公司的资本成本。资本成本把筹资决策和投资决策联系起来。为了实现企业价值最大化的目标,公司在筹资活动中寻求资本成本最小化,与此同时,投资于报酬高于资本成本的项目并力求净现值最大化。

三、资本成本的影响因素

在市场经济环境中,多方面因素的综合作用决定着企业资本成本的高低,其中主要有:利率、市场风险溢价、税率、资本结构、股利政策和投资政策。这些因素发生变化时,就需要调整资本成本。

(一)外部因素

1. 利率

市场利率上升,公司的债务成本会上升,因为投资人的机会成本增加了,公司筹资时必须付给债权人更多的报酬。根据资本资产定价模型,利率上升也会引起普通股和优先股的成本上升。个别公司无法改变利率,只能被动接受。资本成本上升,投资的价值会降低,抑制公司的投资。利率下降,公司资本成本也会下降,会刺激公司投资。

2. 市场风险溢价

市场风险溢价由资本市场上的供求双方决定,个别公司无法控制。根据资本资产定价模型可以看出,市场风险溢价会影响股权成本。

3. 税率

税率是政府政策,个别公司无法控制。税率变化直接影响税后债务成本以及公司加权平均资本成本。此外,资本性收益的税务政策发生变化,会影响人们对于权益投资和债务投资的选择,并间接影响公司的最佳资本结构。

(二)内部因素

1. 资本结构

在计算加权平均资本成本时,我们假定公司的目标资本结构已经确定。企业改变资本结构时,资本成本会随之改变。增加债务的比重,会使平均资本成本趋于降低,同时会加大公司的财务风险。财务风险的提高,又会引起债务成本和股权成本上升。因此,公司应适度负债,寻求资本成本最小化的资本结构。

2. 股利政策

股利政策影响净利润中分配给股东的比例。根据股利折现模型,它是决定股权成本的因素之一。公司改变股利政策,就会引起股权成本的变化。

3. 投资政策

公司的资本成本反映现有资产的平均风险。如果公司向高于现有资产风险的新项目大量投资,公司资产的平均风险就会提高,并使得资本成本上升。因此,公司投资政策发生变化时资本成本就会发生变化。

第二节　债务资本成本的估计

一、债务资本成本的概念

（一）债务筹资的特征

估计债务成本就是确定债权人要求的收益率。债务成本的估计方法与债务筹资的特征有关系。与权益筹资相比，债务筹资有以下特征：

（1）债务筹资产生合同义务。筹资公司在取得资金的同时，必须承担规定的合同义务。这种义务包括在未来某一特定日期归还本金，以及支付本金之外的利息费用或票面利息。

（2）公司在履行上述义务时，归还债权人本息的请求权优先于股东的股利。

（3）提供债务资本的投资者，没有权利获得高于合同规定利息之外的任何收益。

由于债务筹资的上述特点，债务资本的提供者承担的风险显著低于股东，所以其期望报酬率低于股东，即债务的资本成本低于权益筹资。

（二）债务资本成本的区分

1. 区分债务的历史成本和未来成本

在估计债务成本时，要注意区分债务的历史成本和未来成本。作为投资决策和企业价值评估依据的资本成本，只能是未来借入新债务的成本。现有债务的历史成本，对于未来的决策来说是不相关的沉没成本。

2. 区分债务的承诺收益与期望收益

理性的权益投资人会投资于权益的投资组合，以消除与权益投资相联系的特有风险，只需承担面临的系统风险。债务投资者也可以从组合投资中获得好处。一个理性的债权人应该投资于债务组合，或者将钱借给不同的单位，以减少面临的特有风险。

不过，债务组合与权益组合有重要区别。因为本息的偿还是合同义务，不能分享公司价值提升的任何好处，所以债权人所得报酬存在上限。即使筹资公司因为特有风险获得巨大成功，债务投资人也只是得到合同规定的本金和利息，即获得"承诺收益"；但如果筹资公司因特有风险而失败，债务投资人则可能无法得到承诺的本金和利息，即出现违约风险。对于理性的投资人来说，成功的投资只能得到承诺收益，无法抵消那些违约债务投资带来的损失。因此，债务投资组合的期望收益低于合同规定的收益。投资人把承诺收益视为期望收益是不对的，因为违约的可能性是存在的。

对于投资人来说，建立债务组合仍然有好处，就是消除特有风险引起的期望收益的波动性。银行把资金借给很多公司，就不怕个别公司倒闭。但是，经济危机到来时系统性风险使所有债务投资的违约可能性大增，就可能使一些银行破产。

对于筹资人来说，债权人的期望收益是其债务的真实成本。因为公司可以违约，所以承诺收益夸大了债务成本。在不利的情况下，可以违约的能力会降低借款的实际成本。

在实务中，往往把债务的承诺收益率作为债务成本。从理论上看是不对的，但在实务中经常是可以接受的。原因之一是多数公司的违约风险不大，债务的期望收益与承诺收益的区别很小，可以忽略不计或者假设不存在违约风险。另一个原因是，按照承诺收益计算到期收益率很容易，而估计违约风险就比较困难。

如果筹资公司处于财务困境或者财务状况不佳,债务的承诺收益率可能非常高,例如各种"垃圾债券"。此时,必须区分承诺收益和期望收益。当债务的承诺收益率高于股权成本时,把承诺收益率作为债务成本,就会出现债务成本高于权益成本的错误结论。

3. 区分长期债务成本和短期债务成本

公司有多种债务,它们的利率各不相同。从理论上看,需要分别计算每一种债务的成本,然后计算出其加权平均债务成本。

由于计算资本成本的主要目的是用于资本预算,资本成本应当与资本预算一样面向未来。财务经理不可能在开始计划时就预计出各种债务的类型和结构,因为要看当时的资本市场的情况。通常,临时性资本需求靠短期借款和发行商业票据,其数额和筹资成本经常变动,不便于计划。由于加权平均资本成本主要用于资本预算,涉及的债务是长期债务,因此,通常的做法是只考虑长期债务,而忽略各种短期债务。值得注意的是,有时候公司无法发行长期债券或取得长期银行借款,被迫采用短期债务筹资并将其不断续约。这种债务,实质上是一种长期债务,是不能忽略的。

二、税前债务资本成本的估计

(一)不考虑发行费用的税前债务资本成本估计

1. 到期收益率法

如果公司目前有上市的长期债券,则可以使用到期收益率法计算债务的税前成本。根据债券估价的公式,到期收益率是使下式成立的 r_d。

$$P_0 = \sum_{t=1}^{n} \frac{利息}{(1+r_d)^t} + \frac{本金}{(1+r_d)^n}$$

式中:P_0——债券的市价;

r_d——到期收益率即税前债务成本；

n——债务的剩余期限，通常以年表示。

【例4-1】A公司8年前发行了面值为1000元、期限30年的长期债券，利率是7%，每年付息一次，目前市价为900元。

$$900 = \sum_{t=1}^{22} \frac{1000 \times 7\%}{\left(1 + r_d\right)^t} + \frac{1000}{\left(1 + r_d\right)^{22}}$$

$$900 = 1000 \times 7\% \times \left(P/A, r_d, 22\right) + 1000 \times \left(P/F, r_d, 22\right)$$

用内插法求解，$r_d = 7.98\%$。

2. 可比公司法

如果需要计算债务成本的公司没有上市债券，就需要找一个拥有可交易债券的可比公司作为参照物，计算可比公司长期债券的到期收益率，作为本公司的长期债务成本。

可比公司应当与目标公司处于同一行业，具有类似的商业模式。最好两者的规模、负债比率和财务状况也比较类似。

3. 风险调整法

如果本公司没有上市的债券，而且找不到合适的可比公司，那么就需要使用风险调整法估计债务成本。按照这种方法，债务成本通过同期限政府债券的市场收益率与企业的信用风险补偿相加求得：

税前债务成本 = 政府债券的市场回报率 + 企业的信用风险补偿率

关于政府债券的市场回报率，将在股权成本的估计中讨论，现在的问题是如何估计企业的信用风险补偿率。

信用风险的大小可以用信用级别来估计。具体做法如下：

(1)选择若干信用级别与本公司相同的上市的公司债券(不一定符合可比公司条件)；

(2)计算这些上市公司债券的到期收益率；

(3)计算与这些上市公司债券同期的长期政府债券到期收益率（无风险利率）；

(4)计算上述两个到期收益率的差额，即信用风险补偿率；

(5)计算信用风险补偿率的平均值，作为本公司的信用风险补偿率。

【例4-2】ABC公司的信用级别为B级。为估计其税前债务成本，收集了目前上市交易的B级公司债4种。不同期限债券的利率不具可比性，期限长的债券利率较高。对于已经上市的债券来说，到期日相同则可以认为未来的期限相同，其无风险利率相同，两者的利率差额是风险不同引起的。寻找与公司债券到期日完全相同的政府债券几乎不可能。因此，要选择4种到期日分别与4种公司债券近似的政府债券，进行到期收益率的比较。有关数据如表4-1所示。

表4-1 上市公司的4种B级公司债有关数据表

债券发行公司	上市债券到期日	上市债券到期收益率	政府债券到期日	政府债券（无风险）到期收益率	公司债券风险补偿率
甲	2012年1月28日	4.80%	2012年1月4日	3.97%	0.83%
乙	2012年9月26日	4.66%	2012年7月4日	3.75%	0.91%
丙	2013年8月15日	4.52%	2014年2月15日	3.47%	1.05%
丁	2017年9月25日	5.65%	2018年2月15日	4.43%	1.22%
风险补偿率平均值					1.00%

假设同期限政府债券的市场收益率为3.5%,则ABC公司的税前债务成本为

$$r_d = 3.5\% + 1\% = 4.5\%$$

4. 财务比率法

如果目标公司没有上市的长期债券,也找不到合适的可比公司,并且没有信用评级资料,那么可以使用财务比率法估计债务成本。

按照该方法,需要知道目标公司的关键财务比率,根据这些比率可以大体上判断该公司的信用级别。有了信用级别就可以使用风险调整法确定其债务成本。

财务比率和信用级别存在相关关系。收集目标公司所在行业各公司的信用级别及其关键财务比率,并计算出各财务出率的平均值,编制信用级别与关键财务比率对照表,如表4-2所示。

表4-2　信用级别与关键财务比率对照表

信用级别	AAA	AA	A	BBB	BB	B	CCC
利息保障倍数	12.9	9.2	7.2	4.1	2.5	1.2	-0.9
净现金流/总负债(%)	89.7	67.0	49.5	32.4	20.1	10.5	7.4
资本回报率(%)	30.6	25.1	19.6	15.4	12.6	9.2	-8.8
经营利润/营业收入(%)	30.9	25.2	17.9	15.8	14.4	11.2	5.0
长期负债/总资产(%)	21.4	29.3	33.3	40.8	55.3	68.8	71.5
总负债/总资产(%)	31.8	37.0	39.2	46.4	58.5	71.4	79.4

根据目标公司的关键财务比率和信用级别与关键财务比率对照表,就可以估计出公司的信用级别,然后就可以按照前述的"风险调整法"估计其债务成本。

(二)考虑发行费用的税前债务资本成本估计

在估计债券资本成本时考虑发行费用,需要将其从筹资额中扣除。此时,债券资本的税前成本 r_d 应使下式成立:

$$P_0 \times (1 - F) = \sum_{t=1}^{n} \frac{利息}{(1 + r_d)^t} + \frac{本金}{(1 + r_d)^n}$$

式中:P_0——债券发行价格;

　　F——发行费用率;

　　n——债券期限;

　　r_d——经发行费用调整后的债券税前资本成本。

【例4-3】ABC公司拟发行30年期的债券,面值1000元,利率10%(按年付息),所得税税率25%,平价发行,发行费用率为面值的1%。

将数据代入上述公式:

$$1000 \times (1 - 1\%) = \sum_{t=1}^{30} \frac{1000 \times 10\%}{(1 + r_d)^t} + \frac{1000}{(1 + r_d)^{30}}$$

$$r_d = 10.11\%$$

如果不考虑发行费用,债券的税前资本成本为10%。

调整前后的债务资本成本差别不大。在进行资本预算时预计现金流量的误差较大,远大于发行费用调整对于资本成本的影响。这里的债务成本是按承诺收益计量的,没有考虑违约风险,违约风险会降低债务成本,可以抵消发行成本增加债务成本的影响。因此,多数情况下没有必要进行发行费用的调整。实际上,除非发行成本很大,否则很少有人花大量时间进行发行费用的调整。

三、税后债务资本成本的估计

由于利息可从应税收入中扣除,因此,负债的税后成本是税率的函数。利息的抵税作用使得负债的税后成本低于税前成本。

税后债务成本 = 税前债务成本 × (1 – 所得税税率)

由于所得税的作用,债权人要求的收益率不等于公司的税后债务成本。因为利息可以免税,政府实际上支付了部分债务成本,所以公司的债务成本小于债权人要求的收益率。

第三节　普通股资本成本的估计

普通股资本成本是指筹集普通股所需的成本。这里的筹资成本,是指面向未来的成本,而不是过去的成本。增加普通股有两种方式:一种是增发新的普通股,另一种是留存收益转增普通股。

一、不考虑发行费用的普通股资本成本的估计

普通股资本成本估计方法有三种:资本资产定价模型、股利增长模型和债券收益率调整模型。三种方法各有优点和缺点,不能说哪一种更好。通常三种方法都会使用,究竟选择哪一种,往往要看相关数据的可靠性,选用最有把握的一种。其中,资本资产定价模型使用的最广泛。

(一)资本资产定价模型

资本资产定价模型是估计普通股资本成本的常用方法。按照资本资产定价模型,普通股资本成本等于无风险利率加上风险溢价。

$$r_s = r_{RF} + \beta \times \left(r_m - r_{RF} \right)$$

式中:r_{RF}——无风险利率;

β——股票的 β 系数;

r_m——平均风险股票报酬率;

$\left(r_m - r_{RF} \right)$——市场风险溢价;

$\beta \times (r_m - r_{RF})$——股票的风险溢价。

【例4-4】市场无风险利率为10%,平均风险股票报酬率为14%,某公司普通股β值为1.2。普通股的成本为

$$r_s = 10\% + 1.2 \times (14\% - 10\%) = 14.8\%$$

根据资本资产定价模型计算普通股的资本成本,必须估计无风险利率、股票的β系数以及市场风险溢价。

1. 无风险利率的估计

我们将无风险资产定义为投资者可以确定期望报酬率的资产。通常认为,政府债券没有违约风险,可以代表无风险利率。但是,在具体操作时会遇到以下三个问题需要解决:如何选择债券的期限,如何选择利率,以及如何处理通货膨胀问题。

(1)选择短期政府债券利率还是长期政府债券利率。政府债券基本上没有违约风险,其利率可以代表无风险利率。问题在于政府债券有不同的期限,它们的利率不同。通常认为,在计算公司股权资本成本时选择长期政府债券的利率比较适宜。理由如下:

其一,普通股是长期的有价证券。从理论上分析,期限的选择应当与被讨论的现金流期限匹配。普通股的现金流是永续的,很难找到永续债券。这涉及实务中的信息可得性。政府长期债券期限长,比较接近普通股的现金流。

其二,资本预算涉及的时间长。计算资本成本的目的主要是将其作为项目投资的折现率。长期政府债券的期限和投资项目现金流持续时间能较好地配合。

其三,长期政府债券的利率波动较小。短期政府债券的波动性较大,其变动幅度有时甚至超过无风险利率本身,不宜作为无风险利率的代表。

最常见的做法是选择10年期的政府债券利率作为无风险利率的代表,也有人主张使用更长时间的政府债券利率。

(2)选择票面利率还是到期收益率。不同时间发行的长期政府债券,其票面利率不同,有时相差较大。长期政府债券的付息期不同,有半年期或一年期等,还有到期一次还本付息的。因此,票面利率是不适宜的。

估计股权资本成本时,应当选择上市交易的政府长期债券的到期收益率作为无风险利率的代表。不同年份发行的、票面利率和计息期不等的上市债券,根据当前市价和未来现金流计算的到期收益率只有很小差别。各种长期政府债券的到期收益率与票面利率会有很大区别。

(3)选择名义无风险利率还是真实无风险利率。两者的关系可表述如下:

$$1 + r_{RF} = (1 + r^*)(1 + 通货膨胀率)$$

如果企业对未来现金流量的预测是基于预算年度的价格水平,并消除了通货膨胀的影响,那么这种现金流量称为实际现金流量。包含了通货膨胀影响的现金流量,称为名义现金流量。两者的关系为

$$名义现金流量 = 实际现金流量 \times (1 + 通货膨胀率)^n$$

式中:n——相对于基期的期数。

在决策分析中,有一条必须遵守的原则,即含有通胀的现金流量要使用含有通胀的折现率进行折现;实际的现金流量要使用实际的折现率进行折现。政府债券的未来现金流,都是按含有通胀的货币支付的,据此计算出来的到期收益率是含有通胀利率的。

计算资本成本时,无风险利率应当使用名义利率还是实际利率,业界存在分歧。

主张采用实际利率的理由是：(1)实际利率反映资源的真实要求，而名义利率容易引起误解。名义现金流量其实是积累的通货膨胀，以后年度的巨大现金流入会使人过于乐观；实际现金流量更便于理解和比较。(2)通常在进行财务预测时，是以当前的收入、成本和利息等实际的数据为基础，然后根据预期通货膨胀率向上调整，得出含通胀的货币预计财务报表数据。所以使用实际利率便于与基础年度的收入、成本等实际数据衔接。

主张采用名义利率的理由是：(1)通货膨胀是一种现实，人们已经习惯用名义货币表示的现金流量。去除通胀因素的调整后的实际现金流不符合人们的习惯。(2)用实际数字编制预计利润表和资产负债表，难以对税负和折旧等费用进行调整。税收事实上是按含通胀的名义货币缴纳的，折旧是按资产的含通胀的账面价值计算的，如果调整则会引起不合理的扭曲，而不调整则现金流量表与利润表、资产负债表无法衔接。因此，用含通胀的名义货币数据编制预测财务报表比较容易。

实务中，一般情况下使用含通胀的名义货币编制预计财务报表并确定现金流量，与此同时，使用含通胀的无风险利率计算资本成本。只有在以下两种情况下，才使用实际的利率计算资本成本：(1)存在恶性的通货膨胀(通货膨胀率已经达到两位数)时，最好使用排除通货膨胀的实际现金流量和实际利率；(2)预测周期特别长，例如核电站投资等，通货膨胀的累积影响巨大。在采用实际的利率计算资本成本时，编制预计财务报表需要用含通胀的名义货币数据预计税收、折旧、营运资本，然后用预期通货膨胀率将其调整为实际的数据，以便使各种报表数据互相衔接。

2. 股票 β 值的估计

在前面讨论资本资产定价模型时,我们已经知道,β 值等于证券 i 的报酬率与市场组合报酬率的协方差与市场组合报酬率方差的比值:

$$\beta = \frac{Cov(r_i, r_m)}{\sigma_m^2}$$

式中:$Cov(r_i, r_m)$——证券 i 的报酬率与市场组合报酬率的协方差;

σ_m^2——市场组合报酬率的方差。

在计算 β 值时,必须做出两项选择:

(1)选择有关预测期间的长度。较长的期限可以提供较多的数据,得到的 β 值更具代表性,但在这段时间里公司本身的风险特征可能会发生变化。例如在进行回归分析的区间里,两年前公司举借了大量的债务用于收购其他公司,公司的基本风险特征有很大变化,那么用最近两年的数据计算的结果要比用5年的数据更能反映公司未来的风险。因此,公司风险特征无重大变化时,可以采用5年或更长的预测期长度;如果公司风险特征发生重大变化,应当使用变化后的年份作为预测期长度。

(2)选择收益计量的时间间隔。股票报酬率可能建立在每年、每月、每周,甚至每天的基础上。使用每日内的报酬率会提高回归中数据的观察量,但也会面临一个问题,就是有些日子没有成交或者停牌,该期间的报酬率为0,由此引起的偏差会降低股票报酬率与市场组合报酬率之间的相关性,也会降低该股票的 β 值。使用每周或每月的报酬率就能显著地降低这种偏差,因此被广泛采用。年度报酬率较少采用,回归分析需要使用很多年的数据,在此期间资本市场和企业都发生了很大变化。

此外,需要注意的是财务估价使用的现金流量数据是面向未来的,而计算股权成本使用的β值却是历史的,时间基础不一致。事实上我们无法确定未来的β值,只好假设未来是历史的继续。如果有理由相信未来的业务与过去有本质或重要的区别,则历史的β值是不可靠的。

如何判断历史的β值是否可以指导未来呢? 就要看β值的驱动因素是否发生重大变化。虽然β值的驱动因素很多,但关键的因素只有三个:经营杠杆、财务杠杆和收益的周期性。收益的周期性,是指一个公司的收入和利润对整个经济周期状态的依赖性强弱。如果公司在这三个方面没有显著改变,则可以用历史的β值估计股权成本。

3. 市场风险溢价的估计

市场风险溢价,通常被定义为在一个相当长的历史时期里,市场平均收益率与无风险资产平均收益率之间的差异。前面已经解决了无风险资产收益率的估计问题,因此,剩下的只是市场平均收益率的估计。

估计市场收益率最常见的方法是进行历史数据分析。在分析时会碰到两个问题:

(1)选择时间跨度。由于股票收益率非常复杂多变,影响因素很多,因此,较短的期间所提供的风险溢价比较极端,无法反映平均水平,应选择较长的时间跨度。例如,用过去几十年的数据计算权益市场平均收益率,其中既包括经济繁荣时期,也包括经济衰退时期,要比只用最近几年的数据计算更具代表性。

(2)权益市场平均收益率选择算术平均数还是几何平均数。两种方法算出的风险溢价有很大的差异。算术平均数是在这段时间内年收益率的简单平均数,而几何平均数则是同一时期内年收益率的复合平均数。

现以两年收益率的简单例子来说明。

【例4-5】某证券市场最近两年的相关数据如表4-3所示。

算术平均收益率 $= \left[60\% + (-25\%) \right]/2 = 17.5\%$

几何平均收益率 $= \sqrt{\dfrac{3000}{2500}} - 1 = 9.54\%$

表4-3　证券市场数据

年度(年末)	价格指数	市场收益率
0	2500	
1	4000	(4000 − 2500) / 2500 = 60%
2	3000	(3000 − 4000) / 4000 = −25%

主张使用算术平均数的理由是:算术平均数更符合资本资产定价模型中的平均方差的结构,因而是下一阶段风险溢价的一个更好的预测指标。主张使用几何平均数的理由是:几何平均数的计算考虑了复合平均,能更好地预测长期的平均风险溢价。多数人倾向于采用几何平均法。几何平均法得出的预期风险溢价,一般情况下比算术平均法要低一些。

(二)股利增长模型

股利增长模型假定收益以固定的年增长率递增,则股权资本成本的计算公式为

$$r_s = \frac{D_1}{P_0} + g$$

式中:r_s——普通股成本;

D_1——预期下年现金股利额;

P_0——普通股当前市价;

g——股利的年增长率。

使用股利增长模型的主要问题是估计长期平均增长率g。如果一家企业在支付股利,那么D_0就是已知的,而$D_1 = D_0(1+g)$,所以剩下的问题只是估计增长率g。

估计长期平均增长率的方法有以下三种。

1. 历史增长率

这种方法是根据过去的股利支付数据估计未来的股利增长率。股利增长率可以按几何平均数计算,也可以按算术平均数计算,两种方法的计算结果会有很大区别。

【例4-6】ABC公司20×4～20×8年的股利支付情况如表4-4所示。

表4-4 ABC公司20×4～20×8年的股利支付情况表

年份	20×4年	20×5年	20×6年	20×7年	20×8年
股利(元/股)	0.16	0.19	0.20	0.22	0.25

按几何平均数计算,股息的平均增长率为

$$g = \sqrt[n]{\frac{FV}{PV}} - 1$$

式中:PV——最早支付的股利;FV——最近支付的股利;n——股息增长期的期间数。

ABC公司的股利(几何)增长率为

$$g = \sqrt[4]{\frac{0.25}{0.16}} - 1 = 11.8\%$$

ABC公司的股利(算术)增长率为

$$g = \left(\frac{0.19 - 0.16}{0.16} + \frac{0.20 - 0.19}{0.19} + \frac{0.22 - 0.20}{0.20} + \frac{0.25 - 0.22}{0.22} \right)/4 = 11.91\%$$

哪一个更适合股利增长模型呢？几何增长率适合投资者在整个期间长期持有股票的情况，而算术平均数适合在某一段时间持有股票的情况。由于股利折现模型的增长率需要长期的平均增长率，几何增长率更符合逻辑。

有了历史平均增长率，就可以利用股利增长模型计算出股权成本。在计算历史增长率时采用数据的年份不同，得出的股权成本也会不同，需要谨慎选择。通常，需要使用计算出来的历史增长率和股权成本，利用股票估价模型 $P_0 = D_1/(r_s - g)$ 以及历史的各年股利，计算出相应的一系列模型预计股价，并对历史的实际股价和模型预计股价进行相关性分析，选择相关性最好的历史增长率。

如果公司过去的股利增长率相对平稳，并且预期这种趋势会继续下去，那么过去的增长率就可以作为未来增长率的估计值。但是，长期观察各公司股利支付的情况，股利稳定增长的公司并不多见，有些公司甚至多年不支付股利。股利支付与企业所处的生命周期有关，企业在初创期和成长期很少支付股利，进入成熟期以后才会有较多的股利支付。因此，历史增长率法很少单独应用，它仅仅是估计股利增长率的一个参考，或者是一个需要调整的基础。

2. 可持续增长率

假设未来不增发新股，并且保持当前的经营效率和财务政策不变，则可根据可持续增长率来确定股利的增长率。

股利的增长率 = 可持续增长率 = 期初权益预期净利率 × 预计利润留存率

【例4-7】某公司预计未来不增发新股或回购股票，保持经营效率、财务政策不变，预计的股利支付率为20%，期初权益预期净利率为6%，则股利的增长率为

$$g = 6\% \times (1 - 20\%) = 4.8\%$$

根据可持续增长率估计股利增长率,实际上隐含了一些重要的假设:利润留存率不变;预期新投资的权益净利率等于当前期望报酬率;公司不发行新股;未来投资项目的风险与现有资产相同。如果这些假设与未来的状况有较大区别,则可持续增长率法不宜单独使用,需要与其他方法结合使用。

3. 采用证券分析师的预测

证券服务机构的分析师会经常发布一些上市公司的增长率预测值。估计增长率时,可以将不同分析师的预测值进行汇总,并求其平均值。在计算平均值时,可以给权威性较强的机构以较大的权重,而给其他机构的预测值以较小的权重。

证券分析师发布的各公司增长率预测值,通常是分年度或季度的,而不是一个唯一的长期增长率。对此,有两种解决办法:(1)将不稳定的增长率平均化:转换的方法是计算未来足够长期间的年度增长率的几何平均数。通常,只保留30年或50年的数据,舍去更远的数据,它们对计算结果的影响甚微。(2)根据不均匀的增长率直接计算股权成本。

【例4-8】A公司的当前股利为2元/股,股票的实际价格为23元。证券分析师预测,未来5年的股利增长率逐年递减,第5年及其以后年度为5%。

(1)计算几何平均增长率。预计未来30年的股利,如表4-5所示。

表4-5 对A公司的股利预测

年度	0	1	2	3	4	5	30
增长率		9%	8%	7%	6%	5%	5%
股利(元/股)	2	2.1800	2.3544	2.5192	2.6704	2.8039	9.4950

设平均增长率为g：

$$2 \times \left(1+g\right)^{30} = 9.4950$$

$$g = 5.3293\%$$

如果按照$g = 5.3293\%$计算股权成本：

股权成本$= 2 \times (1+5.3293\%)/23+5.3293\% = 9.159\,07\%+5.3293\%$

$\qquad = 14.49\%$

(2)根据不均匀的增长率直接计算股权成本。根据固定增长股利估价模型，设股权成本为r_s，则第4年年末的股价为

$$P_4 = 2.8039/\left(r_s - 5\%\right)$$

当前的股价等于前4年的股利现值与第4年年末股价现值之和：

$$P_0 = \sum_{t=1}^{4} \frac{D_t}{\left(1+r_s\right)^t} + \frac{P_4}{\left(1+r_s\right)^4}$$

$$23 = \frac{2.1800}{\left(1+r_s\right)^1} + \frac{2.3544}{\left(1+r_s\right)^2} + \frac{2.5192}{\left(1+r_s\right)^3} + \frac{2.6704}{\left(1+r_s\right)^4} + \frac{2.8039/\left(r_s-5\%\right)}{\left(1+r_s\right)^4}$$

最后求解上述方程式：

$$r_s = 14.91\%$$

为了计算股权成本r_s，需要使用内插法，手工计算十分麻烦。Excel的"单变量求解"功能可以方便地解决这种问题。

其计算结果可以通过表4-6验证。

表4-6　股利成本的验证

年度	0	1	2	3	4	5
增长率		9%	8%	7%	6%	5%
股利(元/股)	2	2.1800	2.3544	2.5192	2.6704	2.8039
现值因数(14.91%)		0.8702	0.7573	0.659	0.5735	

年度	0	1	2	3	4	5
股利现值合计(元)	6.8716	1.8970	1.7830	1.6602	1.5315	
期末价值及其现值(元)	16.2263				28.2934	
股票价值合计(元)	23.0979					

期末(第4年年末)价值 = 2.8039/(14.91% − 5%) = 28.2934(元)

期末价值的现值 = 28.2934 × 0.5735 = 16.2263(元)

股票价值 = 4年的股利现值 + 期末价值 = 6.8716 + 16.2263 = 23.0979(元)

计算结果与实际股价一致,说明股权成本14.91%是正确的。

两者的误差是舍去了30年以后的股利数据造成的。这种误差还是可以接受的,比起现金流量的估计误差要小得多。

以上三种增长率的估计方法中,采用分析师的预测增长率可能是最好的方法。投资者在为股票估价时也经常把它作为增长率,而多数投资人的预期对于实际股价有重要影响。

(三)债券收益率风险调整模型

根据投资"风险越大,要求的报酬率越高"的原理,普通股股东对企业的投资风险大于债券投资者,因而会在债券投资者要求的收益率上再要求一定的风险溢价。依照这一理论,权益的成本公式为

$$r_s = r_{dt} + RP_c$$

式中:r_{dt}——税后债务成本;

RP_c——股东比债权人承担更大风险所要求的风险溢价。

风险溢价是凭借经验估计的。一般认为,某企业普通股风险溢价对其自己发行的债券来讲,大约在3%～5%之间。对风险较高的股票用5%,风险较低的股票用3%。

例如,对于债券成本为9%、中等风险的企业来讲,其普通股成本为

$$r_s = 9\% + 4\% = 13\%$$

而对于债券成本为13%的另一家中等风险企业,其普通股成本则为

$$r_s = 13\% + 4\% = 17\%$$

估计RP_c的另一种方法是使用历史数据分析,即比较过去不同年份的权益报酬率和债券收益率。通常在比较时会发现,虽然权益报酬率和债券收益率有较大波动,但两者的差额RP_c相当稳定。正因为如此,历史的RP_c可以用来估计未来普通股成本。

前面讲述了三种估算普通股成本的方法,这三种方法的计算结果经常不一致,我们不知道哪一个更接近真实的普通股成本。实际上不存在一个公认的确定普通股真实成本的方法。一种常见的做法是将每种方法计算出来的普通股成本进行算术平均。有时决策者基于他对某种方法所采用的数据更有信心,而注重其中的一种方法。

此外,估计增长率需要经验和判断。例如,一个公司的长期增长率不太可能与GDP的增长率相差太多。长期的市场竞争会使高增长企业的优势逐渐消失,并淘汰增长缓慢的企业。只有那些具有独特资源和垄断优势的少数公司,才可能较长时期维持高增长率。如果给一个公司较高的增长率估值,必须要知道它的长期竞争优势是如何取得和维持的。

公司的留存收益来源于净利润,归属于股东权益。从表面上看,留存收益并不花费资本成本。实际上,股东愿意将其留用于公司,其必要报酬率与普通股相同,要求与普通股等价的报酬。因此,留存收益也有资本成本,是一种典型的机会成本。留存收益资本成本的估计与不考虑发行费用的普通股资本成本相同。

二、考虑发行费用的普通股资本成本的估计

新发行普通股的资本成本,也被称为外部股权成本。新发行普通股会发生发行费用,所以它比留存收益进行再投资的内部股权成本要高一些。

把发行费用考虑在内,新发行普通股资本成本的计算公式则为:

$$r_s = \frac{D_1}{P_0 \times (1 - F)} + g$$

式中:F——发行费用率。

【例4-9】ABC公司现有资产10000万元,没有负债,全部为权益资本。其总资产净利率为15%,每年净收益1500万元,全部用于发放股利,公司的增长率为零。公司发行在外的普通股1000万股,每股收益1.5元(1500万元/1000万股)。股票的价格为每股10元。公司为了扩大规模购置新的资产(该资产的期望报酬率与现有资产相同),拟以每股10元的价格增发普通股1000万股,发行费用率为10%。该增资方案是否可行?

该公司未经发行费用调整的普通股资本成本:

$$r_{S_1} = \frac{1.5}{10} + 0 = 15\%$$

该公司经发行费用调整的普通股资本成本:

$$r_{S_2} = \frac{1.5}{10 \times (1 - 10\%)} + 0 = 16.67\%$$

由于资产报酬率只有15%,因此该增资方案不可行。

该结论的正确性可以通过每股收益和股价的变化来验证:

增发获得资金 = 10 × 1000 × (1 - 10%) = 9000(万元)

新增资产净收益 = 9000 × 15% = 1350(万元)

每股收益 = (1500 + 1350) / (1000 + 1000) = 1.425(元/股)

假设市盈率不变,则股价下降为

股价 = (10 / 1.5) × 1.425 = 9.5(元/股)

为了维持现有的股价,投资报酬率必须达到筹资成本的16.67%。

新增资产净收益 = 9000 × 16.67% = 1500(万元)

每股收益 = (1500 + 1500) / (1000 + 1000) = 1.5(元/股)

假设市盈率不变,则股价为

股价 = (10 / 1.5) × 1.5 = 10(元/股)

因此,外部权益筹资的成本高于来自留存收益的内部权益筹资。发行新股的公司需要赚更多的钱,才可以达到投资人的要求。

第四节　混合筹资资本成本的估计

混合筹资兼具债权和股权筹资双重属性,主要包括优先股筹资、永续债筹资、可转换债券筹资和认股权证筹资等。本节仅以优先股和永续债筹资为例讲述混合筹资资本成本的估计。优先股资本成本包括股息和发行费用。优先股股息通常是固定的,公司税后利润在派发普通股股利之前,优先派发优先股股息。

优先股资本成本的估计如下:

$$r_p = D_P / P_P(1 - F)$$

式中,r_p表示优先股资本成本;D_p表示优先股每股年股息;P_P表示优先股每股发行价格,F表示优先股发行费用率。

【例4-10】某公司拟发行一批优先股,每股发行价格105元,每股发行费用5元,预计每股年股息10元,其资本成本测算为

$$r_p = 10 / (105 - 5) = 10\%。$$

永续债是没有明确到期日或期限非常长的债券,债券发行方只需支付利息,没有还本义务(实际操作中会附加赎回及利率调整条

款)。永续债是具有一定权益属性的债务工具,其利息是一种永续年金。永续债资本成本的估计与优先股类似,公式如下:

$$r_{pd} = \frac{I_{pd}}{P_{pd}(1-F)}$$

式中,r_{pd}表示永续债资本成本;I_{pd}表示永续债每年利息;P_{pd}表示永续债发行价格;F表示永续债发行费用率。

第五节　加权平均资本成本的计算

一、加权平均资本成本的意义

加权平均资本成本是公司全部长期资本的平均成本,一般按各种长期资本的比例加权计算,故称加权平均资本成本。

在公司价值评估、项目投资决策中,加权平均资本成本是一种可供选择的折现率,必然会考虑加权平均资本成本的影响。

二、加权平均资本成本的计算方法

计算公司的加权平均资本成本,有三种权重依据可供选择,即账面价值权重、实际市场价值权重和目标资本结构权重。

(一)账面价值权重

账面价值权重是根据企业资产负债表上显示的会计价值来衡量每种资本的比例。资产负债表提供了负债和权益的金额,计算时很方便。但是,账面结构反映的是历史的结构,不一定符合未来的状态;账面价值权重会歪曲资本成本,因为账面价值与市场价值有极大的差异。

(二)实际市场价值权重

实际市场价值权重是根据当前负债和权益的市场价值比例衡量每种资本的比例。由于市场价值不断变动,负债和权益的比例也随之变动,计算出的加权平均资本成本数额也是经常变化的。

(三)目标资本结构权重

目标资本结构权重是根据按市场价值计量的目标资本结构衡量每种资本要素的比例。

公司的目标资本结构,代表未来将如何筹资的最佳估计。如果公司向目标资本结构发展,目标资本结构权重更为适合。这种权重可以选用平均市场价格,回避证券市场价格变动频繁的不便;可以适用于公司评价未来的资本结构,而账面价值权重和实际市场价值权重仅反映过去和现在的资本结构。

【例4-11】ABC公司按平均市场价值计量的目标资本结构是:40%的长期债务、10%的优先股、50%的普通股。长期债务的税后成本是3.90%,优先股的成本是8.16%,普通股的成本是11.80%。

该公司的加权平均资本成本是:

$$WACC = 40\% \times 3.9\% + 10\% \times 8.16\% + 50\% \times 11.80\%$$
$$= 1.56\% + 0.816\% + 5.9\%$$
$$= 8.276\%$$

加权平均资本成本是公司未来全部资本的加权平均成本,而不是过去所有资本的平均成本。其中,债务成本是发行新债券的成本,而不是已有债务的利率;股权成本是新筹集权益资本的成本,而不是过去的股权成本。加权平均资本成本0.082 76元是每1元新资金使用权的成本,它由0.0156元的税后债务成本、0.008 16元的优先股成本和0.059元的普通股成本组成。

复习思考题

一、问答题

1. 什么叫资本成本,有何作用? 影响资本成本高低的因素有哪些?

2. 什么叫个别资本成本? 债务成本与权益成本各有何特点?

3. 什么叫加权平均资本成本,其权数如何确定?

二、计算分析题

1. 目的:练习个别资本成本的计算。

资料:某公司发行面额1000元、5年期的每年付息债券2万张、票面利率为8%,发行费用预计40万元,公司所得税税率为25%。

要求计算:

(1)不考虑货币时间价值的债券成本;

(2)考虑货币时间价值的债券成本。

2. 目的:练习个别资本成本和加权平均资本成本的计算。

资料:B公司需要筹集资金1200万元,其中:

(1)发行长期债券1000万元,票面年利率为12%,发行费用为3%。

(2)发行优先股100万元,筹资费率4%,每年支付股利12%。

(3)发行普通股100万股,按面值发行,筹资费率5%,第1年年末每股发放股利0.12元,预计以后每年增长4%。

设公司所得税税率为25%。

要求:

(1)计算各种个别资本成本。

(2)计算该筹资方案的综合资本成本。

第五章　项目财务评估一般分析

第一节　投资战略与项目投资概述

一、企业投资战略概述

投资战略就是为使企业在长时期内生存和发展,在充分估计影响企业长期发展的内外部因素的基础上,对企业项目投资所做出的总体筹划和部署。

企业制定投资战略的主要目的在于有效地利用人力、物力、财力,合理地、科学地组织配置企业各种资源,解决企业将来如何在急剧变化的环境中保持旺盛的生机与活力的问题,实现企业价值最大化。

(一)企业投资战略的特点

企业投资战略具有四个特点:

1. 从属性

企业投资战略是对企业可以支配的资源进行长远地、系统地、全局地谋划,必须服从和反映企业总体发展目标。企业投资战略目标,必须根据企业的总体战略制定。

2. 导向性

企业投资战略一经制定,就成为企业进行投资活动的指导原则,是企业发展的纲领,在一定时期内相对稳定,具有多重功能、多重影响。

3. 长期性

投资战略为谋求企业的长远发展,在科学预测的基础上,开拓未来的前景,它确定企业发展方向和趋势,也规定各项短期投资计划的基调。

4. 风险性

投资战略不能消除风险,也难以把风险降为最小。换言之,投资战略一旦实现,就会给整个企业带来生机和活力,使企业得以迅速发展;但投资一旦落空,将会给企业带来较大损失,甚至使企业陷入破产、倒闭的局面。

(二)企业投资战略的种类

(1)按投资战略的性质,可将其划分为稳定性投资战略、扩张性投资战略、紧缩性投资战略和混合性投资战略。

稳定性投资战略是一种维持现状的投资战略,即外部环境在近期无重大变化,将现有战略继续进行下去,最有效率地利用现有的资金和条件,继续保持现有市场,降低成本和改善企业现金流量,尽可能多地获取现有产品的利润,积聚资金为将来发展做准备;扩张性投资战略指企业扩大生产规模,增加新的产品生产和经营项目,其核心是发展和壮大,包括市场开发战略、产品开发战略和多样化成长战略;紧缩性投资战略是从进取竞争中退下来,从现有经营领域抽出投资,缩小经营范围,休养生息;混合性投资战略是指企业在一个战略时期内同时采取稳定、扩张、紧缩性等几种战略,多管齐下,全面出击。其战略核心是在不同阶段或不同经营领域,采用不同的投资战略。

(2)根据投资经营对象的差异,投资战略可分为密集型投资战略、一体化投资战略、多样化投资战略。

密集型投资战略是指企业在以单一产品为投资对象条件下，采取积极措施，开辟新的业务领域，增加新的花色品种，扩大市场；一体化投资战略是指企业在供、产、销三方面投资与经营实现一体化，使得原料供应、加工制造、市场销售实行联合，扩大生产和销售的能力；多样化投资战略是指企业的新产品与新市场相结合，从事多样化投资和经营的战略。

二、项目投资的特点与种类

广义的投资，是指为了将来获得更多现金流入而现在付出现金的行为。这里讨论的只是投资的一种类型，即企业进行的项目投资。

(一)项目投资的特点

企业的项目投资与其他类型的投资相比，主要有五个特点：

1. 投资的主体是企业

财务上讨论的投资，其主体是企业，而非个人、政府或专业投资机构。不同主体的投资目的不同，并因此导致决策的标准和评价方法等诸多方面的区别。

企业从金融市场筹集资金，然后投资于固定资产和流动资产，期望能运用这些资产赚取报酬，增加企业价值。企业是金融市场上取得资金的一方。取得资金后所进行的投资，其报酬必须超过金融市场上提供资金者要求的报酬率，超过部分才可以增加企业价值。如果投资报酬低于资金提供者要求的报酬率，将会减少企业价值。因此，投资项目优劣的评价标准，应以资本成本为基础。

个人投资者是金融市场上提供资金的一方。他们把属于自己的现金投资于金融市场。目的是通过放弃现在的消费而换取将来更高的消费。个人投资属于"投资学"研究的内容。

政府投资不以营利为目的,而是为了社会的公平、稳定和可持续发展等。其投资项目的评价,不仅要关注对整个国民经济的影响,还要考虑许多非经济因素。

专业投资机构是一种中介机构,例如基金管理公司、投资银行等。这些机构投资的目的,是把众多投资者的资金集中起来投资于证券,通过其专业服务收取费用。专业机构投资问题也属于"投资学"研究的内容。

2. 项目投资的对象是生产性资本资产

投资按其对象可以划分为项目投资和金融性资产投资。

生产性资产是指企业生产经营活动所需的资产,例如机器设备、存货等。这些资产是企业进行生产经营活动的基础条件。企业利用这些资产可以增加价值,为股东创造财富。生产性资产投资是一种直接投资,这种投资在企业内部进行,投资后企业并没有失去对资产的控制权,投资行为并不改变资金的控制权归属,只是指定了企业资金的特定用途。

生产性资产又进一步分为营运资产和资本资产。资本资产是指企业的长期资产。资本资产的投资对企业的影响时间长,又称为长期投资。营运资产是指企业的流动资产。流动资产投资对企业的影响时间短,又称为短期投资,这里我们不作讨论。

金融资产的典型表现形式是所有权凭证,例如股票和债券。正因为如此,金融资产也被称为"证券"。证券投资人提供的资金交给企业之后,企业再投资于生产性资产。证券投资是一种间接投资,投资人把现金交给别人支配并换取某种所有权凭证,他们已经失去了对资产的实际控制权。

虽然企业有时也以股权形式投资于其他企业,但这种投资与一般股票投资不同。企业的股权投资通常不以获取直接报酬为主要目的,而是为了控制被投资企业,以便从销售、供应、技术或管理上得到回报。如果直接以获取股利或资本利得为目的,不如让股东自己去直接投资股票,不仅可以节约交易费用,而且还能减少税务负担。企业要做的事情,应当是股东自己做不了或做不好的事情。

3. 投资金额较大

一般在企业全部资产中所占比重较高。尤其是工业企业,固定资产作为生产的技术装备及物质技术基础,往往需要投入大量的资金。

4. 影响期限较长

项目投资一旦实施,很难改变用途,对企业的生产经营活动会产生持续、长久的影响。

5. 投资风险较大

由于投资一经完成,将长期地影响企业的生产和经营,而在这较长的时期内,市场和企业的供、产、销、人、财、物等因素经常变化,不确定因素较多,投资风险较大。

(二)项目投资的种类

1. 战术性投资项目和战略性投资项目

战术性投资项目,是指只涉及企业某一局部经营业务的投资项目,如为扩大产品品种、提高产品质量、降低产品成本、改善工作环境等而进行的投资;战略性投资项目,是指涉及企业的发展方向和整体规模的投资项目,即对企业的全局会产生重大影响的投资项目,如新建投资、转产投资、增加新产品投资等。

2. 相互独立项目、相互排斥项目和相互依存项目

相互独立项目,是指某个项目的接受或拒绝并不影响另一个项目的接受或拒绝,不存在项目间优选的情况;相互排斥项目,是指相互间不能同时并存、必取其一的项目;相互依存项目,是指某一投资

项目的经济效益大小受另一个项目的接受或拒绝影响的项目。对于相互依存项目,又可分为两种情况:如果一个项目的接受会提高另一个项目的获得能力,则称它们为"互补项目";如果一个项目的接受会降低另一个项目的获得能力,则称它们为"替代项目"。

3. 全新投资项目和更新投资项目

全新投资项目是指扩大再生产的投资项目,如新建厂房、新增生产线等;更新投资项目一般是指简单再生产或内涵扩大再生产上的投资项目,即淘汰原有设备,购买新的或先进的设备。

项目投资的上述特征决定了项目投资决策在企业管理中占有十分重要的地位。决策正确与否,将对公司未来的财务状况、现金流量产生重大而深远的影响。因此,项目投资决策必须在调查研究的基础上,制定正确的投资战略,运用特定的程序,采用专门的方法,以保证决策的科学性。

4. 确定性投资项目和风险性投资项目

确定性投资项目是指未来情况可以较为准确地加以预测的投资项目。未来情况主要指的是项目寿命期内的现金流量等情况。这类投资的期限一般较短,投资环境变化不大,未来现金流量较易预测。因而在进行此类投资决策时,不考虑风险因素。风险性投资项目是指未来情况不确定,难以准确预测的投资项目。这类投资决策涉及的时间一般较长,投资的初始支出、每年现金流量、寿命期、折现率等都是估算的,都带有某种程度的不确定性和一定的风险。

风险投资是一种长期股权投资,其投资主体包括企业养老基金、公共养老基金、基金和捐赠组织、金融机构、企业、个人和家庭等在内的各种投资者和风险投资公司,其投资对象是致力于应用新技术和开拓新市场的风险企业,包括种子公司、开创型企业、发展企业和杠杆收购等不同发展阶段的风险企业。在我国,这种风险投资与一般项目投资的区别在于：(1)风险投资的对象主要是非上市的高新技术中小企业。这是因为这类企业具有高成长性和高获利能力的特点，符合风险投资高风险、高成长和高收益的投资要求。(2)它是一种长期的、流动性较差的投资。一般要经过3～7年甚至更长的时间，才能取得投资收益。(3)它是一种权益性投资，投资的标的物是股权。其目的是营造出能在市场上出售的企业并尽可能地售出高价，追求的是风险资本与产业资本置换后获得的高资本收益，而不是利息或红利。(4)它是一种风险性很高的投资。其成功率一般仅为20%左右，但一个项目成功则可能带来几十倍甚至上百倍的回报。(5)它是一种组合投资。为了分散风险，风险投资通常投资于一系列项目群。(6)它是一种专业投资。风险投资不仅向风险企业输出资本，而且还提供相关的知识、经验、社会关系资源等咨询服务，积极参与受投资企业的战略决策、技术评估、资产重组等重要活动，协助企业建立一个强有力的管理核心，帮助企业取得成功。

三、项目投资财务评估的基本原理

项目投资财务评估的基本原理是：投资项目的收益率超过资本成本时，企业的价值将增加；投资项目的收益率小于资本成本时，企业的价值将减少。

这一原理涉及资本成本、项目收益与股价（股东财富）的关系。

例如，一个企业的资本由债务和权益组成，假设A企业目前有100万元债务和200万元所有者权益，因此企业的总资产是300万元。

债权人为什么把钱借给企业？他们要赚取利息。假设债权人希望他们的债权能赚取10%的收益，他们的要求一般反映在借款契约中。因此，债权人要求的收益率比较容易确定。

股东为什么把钱投入企业？他们希望赚取收益。不过，股东要求的收益率是不明确的,他们的要求权是一种剩余要求权。好在有资本市场,股东要求的收益率可以通过股价来计算。这里先假设它是已知的,假设他们要求能赚取20%的收益。

A企业要符合债权人的期望,应有10万元(100万元×10%)的收益,以便给债权人支付利息。由于企业可以在税前支付利息,有效的税后成本为8万元(假设所得税率20%)。A企业要符合股权投资人的期望,应有40万元的收益(200万元×20%),以便给股东支付股利(或者继续留在企业里再投资,但它也是属于股东的)。两者加起来,企业要赚取48万元息前税后收益。

为了同时满足债权人和股东的期望,企业的资产收益率为16%(48/300)。

按照这个推理过程,我们可以得出以下公式:

投资人要求的收益率 =

$$\frac{债务 \times 利率 \times (1-所得税率) + 所有者权益 \times 权益成本}{债务 + 所有者权益}$$

$$= \frac{债务 \times 利率 \times (1-所得税率)}{债务 + 所有者权益} + \frac{所有者权益 \times 权益成本}{债务 + 所有者权益}$$

$$= 债务比重 \times 利率 \times (1-所得税率) + 所有者权益比重 \times$$

权益成本

将上述数据代入:

$$投资人要求的收益率 = \frac{100 \times 10\% 1-20\%}{100+200} + \frac{200 \times 20\%}{100+200}$$

$$= 16\%$$

或

$$= \frac{1}{3} \times 10\% \times (1-20\%) + \frac{2}{3} \times 20\%$$

$$= 16\%$$

投资人要求的收益率,也叫"资本成本"。这里的"成本"是一种机会成本,是投资人的机会成本,是投资人将资金投资于其他同等风险资产可以赚取的收益。企业投资项目的收益率,必须达到这一要求。

如果企业的资产获得的收益超过资本成本,债权人仍按10%的合同条款取得利息,超额收益应全部属于股东。企业的收益大于股东的要求,必然会吸引新的投资者购买该公司股票,其结果是股价上升。如果相反,有些股东会对公司不满,出售该公司股票,使股价下跌。因此,资本成本也可以说是企业在现有资产上必须赚取的、能使股价维持不变的收益。股价代表了股东的财富,反映了资本市场对公司价值的估计。企业投资取得高于资本成本的收益,就为企业创造了价值;企业投资取得低于资本成本的收益,则毁损了企业价值。

因此,投资者要求的收益率即资本成本,是评价项目能否为企业创造价值的标准。

四、项目投资管理目标与原则

项目投资管理的目标是实现企业价值最大化。根据企业价值估价的基本模型——现金流量折现模型,一个企业内含的价值有赖于:(1)未来长期的自由现金流量规模与节奏;(2)未来投资的市场必要收益率或机会成本;(3)公司现在的和未来的投资风险;(4)收益持续的时期长短。为实现企业价值最大化目标,项目投资管理必须遵循下列原则。

(一)净现值最大化原则

净现值是对投资的未来现金流入量进行折现,求得其现值,然后与投资额的现值相比较。若未来现金流入量的现值大于投资额的现值,净现值为正值,表示该项投资有利可图,应该进行;若未来现金流入量的现值小于投资额的现值,净现值为负值,表示该项投资将造成亏损,应该放弃。在投资决策方法中除净现值法外,还有其他多种方法,但是净现值法是投资分析最为科学的方法,不仅因为它可以准确地告诉人们某项投资是否应该采纳,不会引起误解和混乱,更重要的是净现值标准虽是一个绝对数,但在分析时已考虑到投资的机会成本,只要净现值为正数,就可以为企业多创造价值。因此,净现值最大化标准与企业价值最大化这一目标相一致。

(二)投资与筹资协调原则

投资应当与企业筹集和调配资源的能力相协调。筹资无疑决定着投资,是投资的前提。企业确定的投资方案或项目所需的资金数额需要通过筹资解决,只有如数、及时筹集到投资所需要的资金,投资方案才能实施。如果筹资不顺利,筹集不到或筹集不足所需要的资金,即使再好的投资方案也不能得以实施。另外,企业投资中需要原材料、优秀的人才、能源等一系列资源,企业本身是否有独特的优势是企业成功的关键。企业与金融界、政府部门及其他企业的关系,企业的声誉及还款能力,企业在产业中的组织和协调能力等等,与企业筹集资源的能力有很大的关系。

(三)投资弹性原则

投资弹性包括两个方面:一是规模弹性,投资企业必须根据自身资金的可供能力和投资效益或者市场供求状况,调整投资规模,或者收缩或者扩张;二是结构弹性,投资企业必须有能力根据市场风险或市场价格的变动,调整现存投资结构。在市场经济中,由于市场处于一种变动之中,企业经营规模和投资规模,企业经营结构和投资结构都必须相机调整,调整的前提就是投资弹性。

五、项目投资决策程序

由于项目投资具有相当大的风险,一旦决策失误,就会严重影响企业的财务状况和现金流量,甚至会使企业走向破产。因此投资决策必须从公司战略方向、项目风险、投资回报、公司自身能力与资源分配等方面加以综合评估,筛选出成功可能性最大的项目,并制订实施计划和有效的投资决策程序。

项目投资决策的程序一般包括以下几个步骤:

(一)投资项目的提出

公司总体战略是项目投资战略规划的依据。根据公司投资战略对各投资机会加以初步分析,从所投行业的成长性、竞争情况等进行分析。投资方向初步确定以后,在投资方案设计前应进行广泛的信息分析与收集工作,从财务决策支持网络中调出并补充收集有关总市场规模、年度增长率、主要或潜在对手的产品质量、价格、市场规模等信息,分析自己的优劣势,选择合适的投资时间、投资规模、资金投放方式,制订出可行的投资方案。

企业的股东、董事、经营者都可提出新的投资项目。一般而言,企业的最高当局提出的投资,多数是大规模的战略性投资,其方案一般由生产、市场、财务等各方面专家组成的专门小组写出;基层或中层提出的,主要是战术性投资项目,其方案由主管部门组织人员拟订。

(二)投资项目的论证

投资项目的论证主要涉及如下几项工作:一是对提出的投资项目进行分类,为分析评价做好准备;二是计算有关项目的预计收入和成本,预测投资项目的现金流量;三是运用各种投资评价指标,把各项投资按可行性的顺序进行排队;四是编制项目可行性报告。

项目正式立项后,由项目小组负责对项目进行下一步可行性分析。通过对以下方面的评估确定项目的可行性:(1)相关政策法规是否对该业务已有或有潜在的限制;(2)行业投资回报率;(3)公司能否获取与行业成功要素相应的关键能力;(4)公司是否能筹集项目投资所需资源。如项目不可行,应通报相关人员并解释原因;如可行,则向董事会或项目管理委员会递交可行性分析报告。

如董事会通过了投资项目的可行性分析报告,则投资管理部门应聘请顾问公司对投资项目的实施进行下一步的论证,并开始投资项目的洽商,以确定其实际可行性。项目小组确认项目的可行性后,编制项目计划书提交总经理保留参考并指导项目实施。项目计划书的主要内容为:(1)项目的行业(市场规模、增长速度等)背景介绍;(2)项目可行性分析;(3)项目业务目标;(4)业务战略实施计划;(5)财务分析;(6)资源配置计划;(7)项目执行主体。

(三)项目的评估与决策

这一阶段主要是综合论证投资项目在技术上的先进性、可行性和经济上的合理性、盈利性。一般由企业的经营者组织项目所涉及的各方面专家来完成,其论证所形成的可行性报告是整个投资项目的基础,应确定建设方案,包括建设规模、建设依据、建设布局和建设进度等内容。项目评估一般是委托建设单位或投资单位以外的中介机构,对可行性报告再进行评价,作为项目决策的最后依据。项目评估以后,将项目投资建议书报有关权力部门审议批准。

从决策主体来看,投资额较小的项目,总经理层或中层经理就有决策权;投资额较大的项目一般由董事会决策;投资额特别大的项目,要由股东大会投票表决。

(四)项目实施与再评价

在投资项目的实施过程中和实施后都要对项目的效果进行评价,以检查项目是否按照原先的计划进行,是否取得了预期的经济效益,是否符合公司总体战略和公司的投资战略规划。

项目实施控制的关键点有:(1)项目质量的控制,这是项目成功的关键。企业应规定工作质量标准,并以此为尺度来衡量项目的目标同时监督这些目标的进度。(2)项目成本的控制。企业应把预算的和实际的项目进度、成本和工作状况结合起来，组成成本控制系统；采用关键路线法控制施工时间进度；并设定一个项目成本办公机构来监督、检查工程进度和成本支出。(3)对项目施工时间的控制。利用时间安排进度表，安排好各项工作的先后来设定完成时间。

在投资项目建成投产后，要评价投资项目是否实现预期目标，主要内容包括：(1)项目的总结评价。一般是在项目建成投产后一定时期，检查投资项目决策是否合理、正确，一旦出现新情况，要根据变化的情况做出新的评价。如果情况发生重大变化，原投资决策已变得不合理，就要对投资是否中止做出决策，以避免更大损失。项目的总结评价包括以下内容：项目在生产、财务、管理方面存在的问题及其原因；项目建成后，在决算、进度等方面同项目准备与审定时测算的数据是否有偏差，有偏差则其原因是什么；项目实施过程中对项目原设计或原评估的重大修改及其原因；项目实施过程中对项目原设计或原评估的重大修改及其原因；项目建成投产后对社会、政治经济和环境的影响程度；为使项目建成投产后能获得最大的经济效益而采取的一系列措施；对项目前景的展望。(2)投资回收及其分析。为了保证投资的收回，要建立一整套规章制度，在项目投资前，应签订有关投资贷款偿还的合同和协议，规定投资的回收时期，回收额以及防止风险的措施。

第二节　投资项目现金流量的估计

在项目投资决策中，与决策相关的参数有两个：一是投资项目现金流量，二是投资项目折现率。本节先介绍投资项目现金流量，下一节介绍投资项目折现率。

一、估算投资项目现金流量的重要性

在投资决策中,投资项目现金流量是对投资项目引起的现金流入量和现金流出量的总称。投资项目在一定时间(通常是年)的现金流入量和现金流出量的差额称为现金净流量。

以现金流量而不是以净利润来衡量投资项目的优劣,是因为公司真正能用来再投资的是现金流量而非会计利润。现金流量具有最大的综合性,折现现金流量以一种全面而简明的方式囊括了所有影响公司价值的因素。具体来说:

(1)采用现金流量有利于合理考虑货币时间价值因素。根据货币时间价值的原理,不同时点上的现金具有不同的价值。在项目投资评估中,只有弄清楚每笔现金的收支时间,才能运用货币时间价值原理并借助于一定的评价指标进行合理的评价。而会计利润的计算基础是权责发生制原则,其不能反映某个时期实际的现金流量状况。

(2)现金流量比利润更具有可靠性。会计利润的计算具有一定的主观性。各期利润的多少,在一定程度上受到折旧方法、存货计价方法、费用分摊方法、成本计算方法等人为因素的影响。各国会计政策一般规定可以在几种不同方法中选用其中一种,究竟采用哪种方法,往往因人而异。这就使会计利润作为公司投资政策的依据显得有些主观随意,不太可靠。而现金流量是投资项目各期现金的实际收支,具有客观性。

(3)在投资项目的寿命期内,利润总计与净现金流量总计是相等的,所以用现金流量取代利润有可靠的基础。

二、投资项目现金流量的构成

为了便于投资项目的评价,通常把投资项目的现金流量划分为三个部分,即项目初始现金流量、项目寿命期内现金流量和项目寿命期末现金流量。

(一)项目初始现金流量

即在项目投资期(初始期)发生的现金流量。项目初始现金流量主要涉及购买资产和使之正常运行所必需的直接现金流出,包括设备购置及安装支出、垫支营运资本等非费用性支出。另外,初始现金流量还可能包括机会成本。具体包括以下几项内容:

(1)固定资产上的投资,包括购建费、运输费、安装费等。

(2)营运资本的垫支额。是为了维持正常的生产经营活动而追加的周转性资金,一般在营业终了时才能收回这些资金。

(3)无形资产上的投资。包括在专利权、商标权、非专利技术、商誉等方面的投资。

(二)项目寿命期内现金流量

是指在项目整个寿命期内正常生产经营活动产生的现金流量。行政管理人员及辅助生产部门等费用,如果不受新项目实施的影响,可不计入;若有关,则必须计入项目寿命期内的现金流出。但项目以债务方式融资带来的利息支付和本金偿还以及以股权方式融资带来的现金股利支付等,均不包括在内,因为折现率中已经包含了该项目的资本成本。具体包括以下几项内容:

(1)营业收入。按权责发生制所确认的收入,虽不能在当期全部收到现金,但为了简便起见,在实际估算现金流量时,可以把某个时期的营业收入直接看作现金流入。

(2)付现成本。是指需要支付现金的成本。营业成本中不需要支付现金的部分称为非付现成本,主要是固定资产折旧与无形资产摊销。

付现成本 = 营业成本 − 固定资产折旧 − 无形资产摊销额

(3)税金。是指投资项目引起的税金及附加和所得税。

(三)项目寿命期末现金流量

项目寿命期末现金流量主要是与项目终止有关的现金流量,如设备变现税后净现金流入、收回营运资本现金流入等。另外,可能还会涉及弃置义务等现金流出。主要包括以下内容:(1)固定资产残值的变价净收入。(2)收回垫支的营运资本。

三、投资项目现金流量的估计方法

估计投资方案所需的投资额,以及该方案每年能产生的现金净流量,会涉及很多变量,并且需要企业有关部门的参与。例如:销售部门负责预测售价和销量,涉及产品价格弹性、广告效果、竞争者动向等;产品开发和技术部门负责估计投资方案的投资额,涉及研制费用、设备购置、厂房建筑等;生产和成本部门负责估计制造成本,涉及原材料采购价格、生产工艺安排、产品成本等。财务人员的主要任务是:为销售、生产等部门的预测建立共同的基本假设条件,如物价水平、折现率、可供资源的限制条件等;协调参与预测工作的各部门人员,使之能相互衔接与配合;防止预测者因个人偏好或部门利益而高估或低估收入和成本。

(一)估算投资项目现金流量应遵循的基本原则

在确定投资方案相关的现金流量时,应遵循的基本原则是:只有增量现金流量才是与投资项目相关的现金流量。所谓增量现金流量,是指接受或拒绝某个投资方案后,企业总现金流量因此发生的变动。只有那些由采纳某个投资项目引起的现金支出增加额,才是该项目的现金流出;只有那些由采纳某个投资项目引起的现金流入增加额,才是该项目的现金流入。

(二)投资项目现金流量的影响因素

为了正确估算投资方案的增量现金流量,需要正确判断哪些支出会引起企业总现金流量的变动,哪些支出不会引起企业总现金流量的变动。在进行这种判断时,要注意以下四个问题。

1. 区分相关成本和非相关成本

相关成本是指与特定决策有关的、在分析评价时必须加以考虑的成本。例如,差额成本、未来成本、重置成本、机会成本等都属于相关成本。与此相反,与特定决策无关的、在分析评价时不必加以考虑的成本是非相关成本。例如,沉没成本、过去成本、账面成本等往往是非相关成本。如果将非相关成本纳入投资方案的总成本,则一个有利的方案可能变得不利,一个较好的方案可能变为较差的方案,从而造成决策错误。例如,某公司在20×5年曾经打算新建一个车间,并请一家咨询公司做过可行性分析,支付咨询费50万元。后来由于公司有了更好的投资机会,该项目被搁置下来,该笔咨询费作为费用已经入账了。20×9年旧事重提,在进行投资分析时,但这笔咨询费是否仍是相关成本呢? 答案应当是否定的。该笔支出已经发生,不管公司是否采纳新建一个车间的方案,它都已无法收回,与公司未来的总现金流量无关。

2. 不要忽视机会成本

在投资方案的选择中,如果选择了一个投资方案,则必须放弃投资于其他途径的机会。其他投资机会可能取得的收益是实行本方案的一种代价,被称为这项投资方案的机会成本。机会成本不是我们通常意义上的"成本",它不是一种支出或费用,而是失去的收益。这种收益不是实际发生的,而是潜在的。机会成本总是针对具体方案的,离开被放弃的方案就无从计量确定。例如,上述公司新建车间的投资方案,需要使用公司拥有的一块土地。在进行投资分析时,因为公司不必动用资金去购置土地,可否不将此土地的成本考虑在内呢?答案是否定的。因为该公司若不利用这块土地来兴建车间,则它可将这块土地移作他用,并取得一定的收入。只是由于在这块土地上兴建车间才放弃了这笔收入,而这笔收入代表兴建车间使用土地的机会成本。假设这块土地出售可净得150万元,它就是兴建车间的一项机会成本。值得注意的是,不管该公司当初是以500万元还是200万元购进这块土地,都应以现行市价作为这块土地的机会成本。

3. 要考虑投资方案对公司其他项目的影响

当我们采纳一个新的项目后,该项目可能对公司的其他项目造成有利或不利的影响。例如,若新建车间生产的产品上市后,原有其他产品的销路可能减少,而且整个公司的销售额也许不增加甚至减少。因此,公司在进行投资分析时,不应将新车间的销售收入作为增量收入来处理,而应扣除其他项目因此减少的销售收入。当然,也可能发生相反的情况,新产品上市后将促进其他项目的销售增长。这要看新项目和原有项目是竞争关系还是互补关系。当然,诸如此类的交互影响,事实上很难准确计量。但决策者在进行投资分析时仍要将其考虑在内。

4. 对营运资本的影响

在一般情况下,当公司开办一个新业务并使销售额扩大后,对于存货和应收账款等经营性流动资产的需求也会增加,公司必须筹措新的资金以满足这种额外需求;另一方面,公司扩充的结果是应付账款与一些应付费用等经营性流动负债也会同时增加,从而降低公司营运资金的实际需要。所谓营运资本的需要,指增加的经营性流动资产与增加的经营性流动负债之间的差额。当投资方案的寿命周期快要结束时,公司将与项目有关的存货出售,应收账款变为现金,应付账款和应付费用也随之偿付,营运资本恢复到原有水平。通常,在进行投资分析时,假定开始投资时筹措的营运资本在项目结束时收回。

四、投资项目现金流量的估计举例

某企业准备投资一个新项目,有关资料如下:

固定资产投资4200万元,分别于第1年年初和第2年年初各投资2100万元。两年建成投产,寿命期8年。无形资产投资1200万元,于第2年年末投资。投产前(第2年年末)垫支营运资本1000万元。固定资产按直线法折旧,折旧年限为8年,期满有残值200万元,无形资产自投产年份起分8年平均摊销完毕。该项目投产后,前2年各年的营业收入都为6000万元,年付现成本都为3800万元,年税金及附加都为437.50万元;后6年各年的营业收入都为9000万元,年付现成本都为6000万元,年税金及附加都为712.50万元。企业适用的所得税税率为20%。要求根据上述资料估计该项目各年的现金流量。

该项目各年的现金流量可以分两步确定,先确定寿命期内每年现金流量(如表5-1所示),然后结合项目初始现金流量和项目寿命期末现金流量编制项目的现金流量表(如表5-2所示)。

表5-1 项目寿命期内现金流量表

单位:万元

项目	年度	
	3～4	5～10
年营业收入(1)	6000	9000
年付现成本(2)	3800	6000
年折旧(3)	500	500
年无形资产摊销(4)	150	150

续 表

项目	年度	
	3～4	5～10
年税金及附加(5)	437.50	712.50
年税前利润(6) = (1) − (2) − (3) − (4) − (5)	1112.50	1637.50
年所得税(7) = (6) × 20%	222.50	327.50
年税后利润(8) = (6) − (7)	890	1310
寿命期内年现金净流量 (9) = (1) − (2) − (5) − (7)或 = (8) + (3) + (4)	1540	1960

表5-2 投资项目的现金流量表

单位:万元

项目	年度					
	0	1	2	3～4	5～9	10
一、项目初始现金流量						
1.固定资产投资	−2100	−2100				
2.无形资产投资			−1200			
3.营运资本垫支			−1000			
二、项目寿命期内现金流量				1540	1960	1960
三、项目寿命期末现金流量						
1.固定资产残值的变价净收入						200
2.收回垫支的营运资本						1000
四、各年现金净流量合计	−2100	−2100	−2200	1540	1960	3160

第三节　投资项目折现率的估计

任何投资项目都有风险或不确定性。针对投资项目的风险,可以通过调整折现率进行衡量。

一、用企业当前加权平均资本成本作为投资项目的折现率

用企业当前的资本成本作为项目的折现率,应具备两个条件:一是项目的经营风险与企业当前资产的平均经营风险相同;二是公司继续采用相同的资本结构为新项目筹资。

(一)项目经营风险与企业当前资产的平均经营风险相同

用当前的资本成本作为折现率,隐含了一个重要假设,即新项目是企业现有资产的复制品,它们的经营风险相同。这种情况是经常会出现的,例如,固定资产更新、现有生产规模的扩张等。

如果新项目与现有项目的经营风险有较大差别,必须小心从事。例如,某公司是从事传统行业的钢铁企业,其经营风险较小,最近进入了信息产业。在评价其信息产业项目时,用公司目前的资本成本作折现率就不合适了。新项目的经营风险和现有资产的平均经营风险有显著差别。

(二)继续采用相同的资本结构为新项目筹资

所谓企业的加权平均资本成本,通常是根据当前的数据计算的,包含了资本结构因素。有关企业当前资本成本的计算我们已经在第四章"资本成本"中讨论过。

假设市场是完善的,资本结构不改变企业的平均资本成本,则平均资本成本反映了当前资产的平均风险。或者说,可以把投资和筹资分开,忽略筹资结构对平均资本成本的影响,先用当前的资本成本

评价项目,如果通过了检验,再考虑筹资改变资本结构带来的财务影响。

如果承认资本市场是不完善的,筹资结构就会改变企业的平均资本成本。例如,当前的资本结构是债务为40%,而新项目所需资金全部用债务筹集,将使负债上升至70%。由于负债比重上升,股权现金流量的风险增加,他们要求的报酬率会迅速上升,引起企业平均资本成本上升;与此同时,扩大了成本较低的债务筹资,会引起企业平均资本成本下降。这两种因素共同的作用,使得企业平均资本成本发生变动。因此,继续用当前的平均资本成本作为折现率就不合适了。

总之,当风险假设或资本结构不变假设明显不能成立时,不能用企业当前的平均资本成本作为新项目的折现率。

二、运用可比公司法估计投资项目的折现率

如果新项目的风险与现有资产的平均风险显著不同,就不能使用公司当前的加权平均资本成本,而应当估计项目的系统风险,并计算项目的资本成本即投资人对于项目要求的必要报酬率。

项目系统风险的估计,比企业系统风险的估计更为困难。股票市场提供了股价,为计算企业的β值提供了数据。项目没有充分的交易市场和可靠的市场数据时,解决问题的方法是使用可比公司法。

可比公司法是寻找一个经营业务与待评估项目类似的上市公司,以该上市公司的β值作为待评估项目的β值。

运用可比公司法,应该注意可比公司的资本结构已反映在其β值中。如果可比公司的资本结构与项目所在企业显著不同,那么在估计项目的β值时,应针对资本结构差异做出相应调整。

调整的基本步骤如下:

(一)卸载可比公司财务杠杆

根据 B 公司股东收益波动性估计的 β 值,是含有财务杠杆的 β 权益。B 公司的资本结构与 A 公司不同,要将资本结构因素排除,确定 B 公司不含财务杠杆的 β 值。该过程通常叫"卸载财务杠杆"。卸载使用的公式是:

$$\beta_{资产} = \beta_{权益} \div [1 + (1 - 所得税税率) \times (负债/股东权益)]$$

$\beta_{资产}$ 是假设全部用权益资本融资的 β 值,此时没有财务风险。或者说,此时股东权益的风险与资产的风险相同,股东只承担经营风险即资产的风险。

(二)加载目标企业财务杠杆

根据目标企业的资本结构调整 β 值,该过程称"加载财务杠杆"。加载使用的公式是:

$$\beta_{权益} = \beta_{资产} \times [1 + (1 - 所得税税率) \times (负债/权益)]$$

(三)根据得出的目标企业的 $\beta_{权益}$ 计算股东要求的报酬率

此时的 $\beta_{权益}$ 既包含了项目的经营风险,也包含了目标企业的财务风险,可据以计算股东权益成本:

股东要求的报酬率 = 股东权益成本 = 无风险利率 + $\beta_{权益}$ × 风险溢价

如果使用股东现金流量法计算净现值,它就是适宜的折现率。

(四)计算目标企业的加权平均资本成本

如果使用实体现金流量法计算净现值,还需要计算加权平均资本成本:

加权平均资本成本 = 负债成本 × (1 - 所得税税率) × 负债/资本 + 股东权益成本 × 股东权益/资本

【例5-1】某大型联合企业 A 公司,拟进入飞机制造业。A 公司目前的资本结构为负债/股东权益为 2/3,进入飞机制造业后仍维持该目标结构。在该目标资本结构下,债务税前成本为6%。飞机制造业的代表企业是B公司,其资本结构为债务/股东权益为7/10,股东权益的β值为1.2。已知无风险利率为5%,市场风险溢价为8%,两个公司的所得税税率均为25%。

(1)将B公司的$\beta_{权益}$转换为无负债的$\beta_{资产}$。

$\beta_{资产} = 1.2 \div [1 + (1 - 25\%) \times (7/10)] = 0.7869$

(2)将无负债的β值转换为A公司含有负债的股东权益β值。

$\beta_{权益} = 0.7869 \times [1 + (1 - 25\%) \times 2/3] = 1.1804$

(3)根据$\beta_{权益}$计算A公司的股东权益成本。

股东权益成本 $= 5\% + 1.1804 \times 8\% = 5\% + 9.4432\% = 14.44\%$

如果采用股东权益现金流量计算净现值,14.44%是适合的折现率。

(4)计算加权平均资本成本。

加权平均资本成本 $= 6\% \times (1 - 25\%) \times (2/5) + 14.44\% \times (3/5)$

$= 1.8\% + 8.664\%$

$= 10.46\%$

尽管可比公司法不是一个完美的方法,但它在估算项目的系统风险时还是比较有效的。

复习思考题

一、问答题

1. 项目投资有何特点,有哪些种类?

2. 企业投资战略有何特点,有哪些种类?

3. 简述项目投资决策的一般程序。

4. 投资项目管理原则有哪些?

5. 投资项目的现金流量如何构成,如何估算?

6. 对投资方案的评价为何要确定折现率? 如何确定折现率?

二、计算分析题

1. 目的:练习现金流量的估算。

资料:某公司准备购入一套设备以扩充生产能力,现有甲、乙两个方案可供选择。甲方案需投资3万元,使用寿命为5年,采用直线法折旧,5年后设备无残值,5年中每年营业收入为1.5万元,每年付现成本为5000元。乙方案需投资3.6万元,采用直线法折旧,使用寿命也是5年,5年后有残值收入6000元,5年中每年营业收入为1.7万元,付现成本第1年为6000元,以后每年增加300元,另需垫支营运资本3000元。假设所得税税率为25%。

要求:估算该项投资各年的现金流量。

2. 目的:练习现金流量的估算。

资料:某工业投资项目的A方案中,项目原始投资额为650万元,其中固定资产投资500万元,营运资金投资100万元,其余为无形资产投资。该项目建设期为2年,经营期为10年。除营运资本投资在项目完工时(第2年年末)投入外,其余投资均于建设起点一次投入。固定资产的寿命期为10年,按直线法计提折旧,期满有40万元的净残值;无形资产从投资年份起分10年摊销,营运资本于终结点一次收回。预计项目投产后,每年发生的相关营业收入和付现成本分别是380万元和129万元,所得税税率为25%。

要求:估算该项投资各年的现金流量。

第六章　确定性状态下的项目财务评估

　　根据对未来情况的掌握程度,项目投资决策一般可分为以下三类:一是确定性项目投资决策,就是指在未来情况确定不变或已知的前提下所做的项目投资决策;二是风险性项目投资决策,就是指在未来情况不能完全确定,但各种情况发生的可能性(即概率)为已知的情况下所做的项目投资决策;三是不确定性项目投资决策,就是指在未来情况不能完全确定,但各种情况发生的可能性(即概率)也不清楚的情况下所做的项目投资决策。

　　在项目投资决策中,确定性投资决策是很少的,大多数投资特别是长期项目投资通常带有不能确定的因素。从理论上讲,不确定性是无法加以计量的,但在项目投资管理中,为使投资决策尽可能科学合理,通常对不确定性投资规定主观概率,以便进行定量分析。不确定性投资有了主观概率后,与风险性投资就没有多大差异。因此,在项目投资管理中对风险性投资与不确定性投资不作严格的区分,往往将这两者统称为风险性投资。关于风险性投资项目财务评估详见第七章。

第一节 独立项目的评价方法

一、资本总量不限时的独立项目评价

在资本总量不受限制的情况下,对独立项目评价使用现金流量折现法,主要有净现值法、现值指数法和内含报酬率法。此外,还有一些辅助方法,主要是回收期法和会计报酬率法。

(一)净现值法

净现值是指特定项目未来现金流入现值与未来现金流出现值之间的差额,它是评价项目是否经济可行的最重要指标。按照这种方法,所有未来现金流入和流出都要用资本成本作为折现率折算现值,然后用现金流入现值减现金流出现值得出净现值。如果净现值为正数,表明投资报酬率大于资本成本,该项目可以增加企业价值,应予采纳。如果净现值为零,表明投资报酬率等于资本成本,不改变企业价值,没有必要采纳。如果净现值为负数,表明投资报酬率小于资本成本,该项目将减损企业价值,应予放弃。

计算净现值的公式:

$$净现值 = \sum_{t=0}^{n} \frac{I_t}{(1+i)^t} - \sum_{t=0}^{n} \frac{O_t}{(1+i)^t}$$

式中:n——项目期限;

I_t——第t年的现金流入量;

O_t——第t年的现金流出量;

i——资本成本。

【例6-1】设折现率为10%,有三个独立的投资项目。有关数据如表6-1所示。

表6-1　投资项目资料

单位:万元

年度	A项目		B项目		C项目	
	净利润	现金净流量	净利润	现金净流量	净利润	现金净流量
0		(20 000)		(9000)		(12 000)
1	1800	11800	(1800)	1200	600	4600
2	3240	13240	3000	6000	600	4600
3			3000	6000	600	4600
合计	5040	5040	4200	4200	1800	1800

注:表内使用括号的数字为负数(下同)。

$$净现值(A) = (11\,800 \times 0.9091 + 13\,240 \times 0.8264) - 20\,000$$
$$= 21\,669 - 20\,000$$
$$= 1669(万元)$$

$$净现值(B) = (1200 \times 0.9091 + 6000 \times 0.8264 + 6000 \times 0.7513) - 9000$$
$$= 10\,557 - 9000$$
$$= 1557(万元)$$

$$净现值(C) = 4600 \times 2.487 - 12\,000$$
$$= 11\,440 - 12\,000$$
$$= -560(万元)$$

A、B两个投资项目的净现值为正数,说明这两个项目的投资报酬率均超过10%。如果企业的资本成本或投资人要求的投资报酬率是10%,都可以采纳。C项目净现值为负数,说明该项目的投资报酬率达不到10%,应予放弃。

净现值法所依据的原理是:假设原始投资是按预定折现率借入的,当净现值为正数时,偿还本息后该项目仍有剩余的收益;当净现值为零时,偿还本息后一无所获;当净现值为负数时,该项目现金流不足以偿还本息。折现率是投资人要求的必要报酬率,净现值为正数表明该项目可以满足投资人的要求。这一原理可以通过 A、C 两项目的还本付息表来说明,如表 6-2 和表 6-3 所示。

表6-2　A项目还本付息表

单位:万元

年份	年初借款	年息10%	年末借款	偿还现金	借款余额
1	20 000	2000	22 000	11 800	10 200
2	10 200	1020	11 220	13 240	(2020)

表6-3　C项目还本付息表

单位:万元

年份	年初借款	年息10%	年末借款	偿还现金	借款余额
1	12 000	1200	13 200	4600	8600
2	8600	860	9460	4600	4860
3	4860	486	5346	4600	746

　　A项目在第二年年末还清本息后,尚有 2020 万元剩余,折合成现值为 1669(2020 × 0.8264)万元,即该项目的净现值。C项目第三年年末没能还清本息,尚欠 746 万元,折合成现值为 560(746 × 0.7513)万元,即C项目的净现值。可见,净现值的经济意义是投资方案的折现后净收益。

　　净现值法具有广泛的适用性,在理论上也比其他方法更完善。净现值反映一个项目按现金流量计量的净收益现值,它是一个金额的绝对值,在比较投资额不同的项目时有一定的局限性。

　　上例中,A项目和B项目相比,哪一个更好? 不能根据净现值直接判断。两个项目的期限和投资额不同,A项目用20 000万元投资,在2年时间取得较多的净现值,B项目用9000万元投资,在3年时间取得较少的净现值,两个净现值没有直接可比性。这就如同一个大企业2年的利润多一些,一个小企业的3年利润少一些,不好判断哪个更好。解决投资额不同的项目之间的比较问题,可以使用现值指数法。

(二)现值指数法

所谓现值指数,是指投资项目未来现金流入量现值与未来现金流出量现值的比值,亦称现值比率或获利指数。

计算现值指数的公式:

$$现值指数 = \sum_{t=0}^{n} \frac{I_t}{(1+i)^t} \div \sum_{t=0}^{n} \frac{O_t}{(1+i)^t}$$

根据表6-1的资料,三个项目的现值指数如下:

现值指数(A) = 21 669/20 000 = 1.08

现值指数(B) = 10 557/9000 = 1.17

现值指数(C) = 11 440/12 000 = 0.95

现值指数表示1元现金流出取得的现值毛收益。A项目的1元现金流出取得1.08元的现值毛收益,也就是取得0.08元的现值净收益,或者说用股东的1元钱为他们创造了0.08元的财富。B项目的1元现金流出取得1.17元的现值毛收益,也就是0.17元的现值净收益。C项目的1元现金流出只取得0.95元的毛收益,1元现金流出损失0.05元,股东财富减少了5%。

现值指数是相对数,反映现金流出的效率,B项目的效率高;净现值是绝对数,反映现金流出的效益,A项目的效益大。两者各有自己的用途。那么,是否可以认为B项目比A项目好呢? 不一定。因为它们持续的时间不同,现值指数消除了投资额的差异,但是没有消除项目期限的差异。我们在下一节再进一步讨论这个问题。

(三)内含报酬率法

内含报酬率是指能够使未来现金流入量现值等于未来现金流出量现值的折现率,或者说是使投资项目净现值为零的折现率。

$$当净现值 = \sum_{t=0}^{n} \frac{I_t}{(1+i)^t} - \sum_{t=0}^{n} \frac{O_t}{(1+i)^t} = 0时,i = 内含报酬率。$$

净现值法和现值指数法虽然考虑了货币时间价值,可以说明投资项目的投资报酬率高于或低于资本成本,但没有揭示项目本身可以达到的报酬率是多少。内含报酬率是根据项目的现金流量计算的,是项目本身的投资报酬率。

内含报酬率的计算,通常需要逐步测试。首先估计一个折现率,用它来计算项目的净现值;如果净现值为正数,说明项目本身的投资报酬率超过折现率,应提高折现率后进一步测试;如果净现值为负数,说明项目本身的投资报酬率低于折现率,应降低折现率后进一步测试。经过多次测试,寻找出使净现值接近于零的折现率,该折现率即项目本身的内含报酬率。

根据【例6-1】的资料,已知A项目的净现值为正数,说明它的投资报酬率大于10%。因此,应提高折现率进一步测试。假设以18%为折现率进行测试,其净现值为-499万元。下一步降低到16%重新测试,结果净现值为9万元,已接近于零,可以认为A项目的内含报酬率接近于16%,测试过程如表6-4所示。B项目用18%作为折现率测试,净现值为-22万元,接近于零,可认为其内含报酬率接近于18%,测试过程如表6-5所示。

表6-4 A项目内含报酬率的测试

单位:万元

年度	现金净流量	折现率=18%		折现率=16%	
		折现系数	现值	折现系数	现值
0	(20 000)	1	(20 000)	1	(20 000)
1	11 800	0.847	9995	0.862	10 172
2	13 240	0.718	9506	0.743	9837
净现值			(499)		9

表6-5 B项目内含报酬率的测试

单位:万元

年度	现金净流量	折现率=18%		折现率=16%	
		折现系数	现值	折现系数	现值
0	(9000)	1	(9000)	1	(9000)
1	1200	0.847	1016	0.862	1034
2	6000	0.718	4308	0.743	4458
3	6000	0.609	3654	0.641	3846
净现值			(22)		338

如果对测试结果的精确度不满意,可以使用内插法来改善。

$$内含报酬率(A) = 16\% + \left(2\% \times \frac{9}{9+499}\right) = 16.04\%$$

$$内含报酬率(B) = 16\% + \left(2\% \times \frac{338}{22+338}\right) = 17.88\%$$

C项目各期现金流入量相等,符合年金形式,内含报酬率可直接利用年金现值系数表来确定,不需要进行逐步测试。

设现金流入的现值与原始投资相等：

原始投资 = 每年现金流入量 × 年金现值系数

$12\,000 = 4600 \times (P/A, i, 3)$

$(P/A, i, 3) = 2.609$

查阅"年金现值系数表"，寻找 $n = 3$ 时系数 2.609 所指的利率。查表结果，与 2.609 接近的现值系数 2.624 和 2.577 分别指向 7% 和 8%。用内插法确定 C 项目的内含报酬率为 7.32%。

$$内含报酬率(C) = 7\% + \left(1\% \times \frac{2.624 - 2.609}{2.624 - 2.577} \right)$$

$$= 7\% + 0.32\% = 7.32\%$$

计算出各项目的内含报酬率以后，可以根据企业的资本成本对项目进行取舍。由于资本成本是 10%，那么 A、B 两个项目都可以接受，而 C 项目则应放弃。

内含报酬率是项目本身的盈利能力。如果以内含报酬率作为贷款利率，通过借款来投资本项目，那么，还本付息后将一无所获。这一原理可以通过 C 项目的数据来证明，如表6-6所示。

表6-6　C项目还本付息表

单位：万元

年度	年初借款	利率 = 7.32%	年末借款	偿还现金	借款余额
1	12 000	878	12 878	4600	8278
2	8278	607	8885	4600	4285
3	4285	314	4599	4600	-1

注：第3年年末借款余额-1万元是计算时四舍五入所致。

内含报酬率法和现值指数法有相似之处，都是根据相对比率来评价项目,而不像净现值法那样使用绝对数来评价项目。在评价项目时要注意到,比率高的项目绝对数不一定大,反之也一样。这种不同和利润率与利润额不同是类似的。

内含报酬率法与现值指数法也有区别。内含报酬率法不必事先估计折现率,只在最后才需要一个切合实际的资本成本来判断项目是否经济可行。现值指数法需要一个合适的折现率,以便将现金流量折为现值,折现率的高低有时会影响项目的优先次序。

(四)回收期法

回收期是指投资引起的现金流入累积到与投资额相等所需要的时间。它代表收回投资所需要的年限。回收年限越短,对项目越有利。

在原始投资一次支出,每年现金净流入量相等时:

回收期 = 原始投资额/每年现金净流入量

【例6-1】的C项目属于这种情况:

回收期(C) = 12 000/4600 = 2.16(年)

如果现金流入量每年不等,或原始投资是分几年投入的,则可使下式成立的 n 为回收期:

$$\sum_{t=0}^{n} I_t = \sum_{t=0}^{n} O_t$$

根据【例6-1】的资料,A项目和B项目的回收期分别为1.62年和2.30年,计算过程如表6-7所示。

表6-7　A、B项目回收期计算表

单位:万元

A项目	现金净流量	回收额	未回收额
原始投资	(20 000)		
现金流入:			

第1年	11 800	11 800	8200
第2年	13 240	8 200	0

回收期 = 1 + (8 200/13 240) = 1.62(年) = 1.62(年)

B项目	现金流量	回收额	未回收额
原始投资	(9000)		
现金流入:			
第1年	1200	1200	7800
第2年	6000	6000	1800
第3年	6000	1800	0

回收期 = 2 + (1800/6000) = 2.3(年) = 2.30(年)

回收期法的优点是：计算简便；容易为决策人所正确理解；可以大体上衡量项目的流动性和风险。

回收期法的缺点是：忽视了货币时间价值，把不同时间的货币收支看成等效的；没有考虑回收期以后的现金流，也就是没有衡量盈利性；促使公司接受短期项目，放弃有战略意义的长期项目。

一般来说，回收期越短的项目风险越低，因为时间越长越难以预计，风险越大。短期项目给企业提供了较大的灵活性，快速收回的资金可用于别的项目。因此，回收期法可以粗略地快速衡量项目的流动性和风险。事实上有战略意义的长期投资往往早期收益较低，而中后期收益较高。回收期法优先考虑急功近利的项目，可能导致放弃长期成功的项目。

为了克服回收期法不考虑货币时间价值的缺点，人们提出了折现回收期法。折现回收期是指在考虑资金时间价值的情况下以项目现金流量流入抵偿全部投资所需要的时间。它是使下式成立的 n。

$$\sum_{t=0}^{n}\frac{I_t - O_t}{(1+i)^t} = 0$$

根据【例6-1】的资料,A项目的折现回收期为1.85年,计算过程如表6-8所示。

表6-8　A项目投资折现回收期计算表

单位:万元

A项目	现金流量	折现系数(10%)	现值	累计净现值
原始投资	(20 000)	0	(2000)	(20 000)
第1年流入	11 800	0.9091	10 727	(9272)
第2年流入	13 240	0.8264	10 942	1670

折现回收期 = 1 + (9272/10 942) = 1.85(年)

折现回收期也被称为动态回收期。折现回收期法出现以后,为了区分,将传统的回收期称为非折现回收期或静态回收期。

(五)会计报酬率法

这种方法计算简便,应用范围很广。它在计算时使用会计报表上的数据。

会计报酬率 = 年平均净利润 ÷ 原始投资额 × 100%

仍以【例6-1】的资料计算:

会计报酬率(A) = $\dfrac{(1800 + 3240) \div 2}{20\,000}$ × 100% = 12.6%

会计报酬率(B) = $\dfrac{(-1800 + 3000 + 3000) \div 3}{9000}$ × 100% = 15.6%

会计报酬率(C) = 600 ÷ 12 000 × 100% = 5%

会计报酬率的优点是：它是一种衡量盈利性的简单方法，使用的概念易于理解；使用财务报告的数据，数据容易取得；考虑了整个项目寿命期的全部利润；揭示了采纳一个项目后财务报表将如何变化，使经理人员知道业绩的预期，也便于项目的后评价。

会计报酬率法的缺点是：使用账面利润而非现金流量，忽视了折旧对现金流量的影响；忽视了净利润的时间分布对项目经济价值的影响。

二、资本总量有限时的资本分配

在现实世界中会有许多复杂情况出现，如资本总量受到限制，无法为全部盈利项目筹资等。这时需要考虑有限的资本分配给哪些项目。资本分配问题是指在企业投资项目有资本总量预算约束的情况下，如何选择相互独立的项目。

【例6-2】甲公司可以投资的资本总量为 10 000 万元，折现率为 10%。现有三个投资项目，有关数据如表6-9所示。

表6-9　投资项目净现值与现值指数

单位：万元

项目		第0年年末	第1年年末	第2年年末	未来现金流量总现值	净现值	现值指数
	现值因数（10%）	1	0.9091	0.8264			
A	现金净流量	−10 000	9000	5000			
	现值	−10 000	8182	4132	12 314	2314	1.23
B	现金净流量	−5000	5057	2000			
	现值	−5000	4600	1653	6253	1253	1.25

项目		第0年年末	第1年年末	第2年年末	未来现金流量总现值	净现值	现值指数
C	现金净流量	−5000	5000	1881			
	现值	−5000	4546	1555	6100	1100	1.22

根据净现值分析:三个项目的净现值都是正数,它们都可以增加企业价值。由于可用于投资的资本总量有限即只有10 000万元。按照净现值的一般排序规则,应当优先安排净现值最大的项目。A项目的净现值最大,优先被采用,B项目和C项目只能放弃。这个结论其实是不对的。因为B项目和C项目的总投资额是10 000万元,总净现值为2353(1253 + 1100)万元,大于A项目的净现值2314万元。

实际上在选择项目时比上述举例复杂。例如C项目的投资需要6000万元如何处理?具有一般意义的做法是:首先,将全部项目排列出不同的组合,每个组合的投资需要不超过资本总量;计算各项目的净现值以及各组合的净现值合计;选择净现值最大的组合作为采纳的项目。

可投资资本总量受限本身不符合资本市场的原理。按照资本市场的原理,好的项目就可以筹到所需资金。公司有很多投资机会时,经理的责任是到资本市场去筹资,并且应该可以筹到资金,而不管其规模有多大。有了好的项目,但筹不到资金,只能说明资本市场有缺点,合理分配资源的功能较差。这种状况阻碍了公司接受盈利性项目,使其无法实现企业价值最大化的目标。

不过,现实中确有一些公司筹不到盈利项目所需资金,还有一些公司只愿意在一定的限额内筹资。资本总量分配的需要是一种不合理的现实。此时,现值指数排序并寻找净现值最大的组合就成为有用的工具,有限资源的净现值最大化成为具有一般意义的原则。

值得注意的是,这种资本分配方法仅适用于单一期间的资本分配,不适用于多期间的资本分配问题。所谓多期间资本分配,是指资本的筹集和使用涉及多个期间。例如,今年筹资的限额是10 000万元,明年又可以筹资10 000万元;与此同时,已经投资的项目可不断收回资金并及时用于另外的项目。此时,需要进行更复杂的多期间规划分析,不能用现值指数排序这一简单方法解决。

第二节　互斥项目的优选问题

互斥项目,是指接受一个项目就必须放弃另一个项目的情况。通常,它们是为解决一个问题设计的两个备选方案。例如,为了生产一个新产品,可以选择进口设备,也可以选择国产设备,它们的使用寿命、购置价格和生产能力均不同。企业只需购买其中之一就可解决目前的问题,而不会同时购置。

面对互斥项目,仅仅评价哪一个项目方案可以接受是不够的,它们都有正的净现值。我们需要知道的是哪一个更好些。如果一个项目方案的所有评价指标,包括净现值、现值指数、内含报酬率、回收期和会计报酬率,均比另一个项目方案好一些,我们在选择时不会有什么困扰。但当这些评价指标出现矛盾时,尤其是评价的基本指标净现值、现值指数和内含报酬率出现矛盾时,我们如何选择?

评价指标出现矛盾的原因主要有两种:一是投资额不同;二是项目寿命不同。如果是投资额不同引起的(项目的寿命相同),对于互斥项目应当净现值法优先,因为它可以给企业带来更多的财富。企业需要的是实实在在的投资报酬,而不是投资报酬的比率。

如果净现值与内含报酬率的矛盾是项目有效期不同引起的,我们有两种解决办法,一个是共同年限法,另一个是等额年金法。

一、共同年限法

如果两个互斥项目不仅投资额不同,而且项目期限也不同,则其净现值没有可比性。例如,一个项目投资3年创造了较少的净现值,另一个项目投资6年创造了较多的净现值,后者的盈利性不一定比前者好。

共同年限法的原理是:假设投资项目可以在终止时进行重置,通过重置使两个项目达到相同的年限,然后比较其净现值。该方法也被称为重置价值链法。

【例6-3】假设折现率是10%,有A和B两个互斥的投资项目。A项目的年限为6年,净现值12 441万元,内含报酬率19.73%;B项目的年限为3年,净现值为8324万元,内含报酬率32.67%。两个指标的评价结论有矛盾,A项目净现值大,B项目内含报酬率高。此时,如果认为净现值法更可靠,A项目一定比B项目好,其实是不对的。

我们用共同年限法进行分析:假设B项目终止时可以重置一次,该项目的期限就延长到6年,与A项目相同。两个项目的现金净流量分布如表6-10所示。其中重置B项目第3年年末的现金净流量-5800万元是重置初始投资-17 800万元与第一期项目第三年年末现金流入12 000万元的合计。经计算,重置B项目的净现值为14 577万元。因此,B项目优于A项目。

表6-10 项目的现金流量分布

单位:万元

年度	折现系数(10%)	A项目		B项目		重置B项目	
		现金净流量	现值	现金净流量	现值	现金净流量	现值
0	1	−40 000	−40 000	−17 800	−17800	−17 800	−17 800

续 表

年度	折现系数(10%)	A项目		B项目		重置B项目	
		现金净流量	现值	现金净流量	现值	现金净流量	现值
1	0.9091	13 000	11 818	7000	6364	7000	6364
2	0.8264	8000	6612	13 000	10 744	13 000	10 744
3	0.7513	14 000	10 518	12 000	9016	−5800	−4358
4	0.6830	12 000	8196			7000	4781
5	0.6209	11 000	6830			13 000	8072
6	0.5645	15 000	8467			12 000	6774
净现值			12 441		8324		14 577
内含报酬率		19.73%		32.67%			

共同年限法有一个问题:共同比较期的时间可能很长。例如:一个项目需要7年,另一个项目需要9年,就需要以63年作为共同比较期。我们有计算机,不怕长期限分析带来的巨大计算量,真正的恐惧来自预计60多年后的现金流量。对预计遥远未来的数据,我们自知没有能力,也缺乏必要信心。尤其是重置时的原始投资,因技术进步和通货膨胀,总会发生变化,实在难以预计。

二、等额年金法

等额年金法是用于年限不同项目比较的另一种方法。它比共同年限法要简单。其计算步骤如下:

(1)计算两项目的净现值;

(2)计算净现值的等额年金额;

（3）假设项目可以无限重置，并且每次都在该项目的终止期，等额年金的资本化就是项目的净现值。

依据前例数据：

A项目的净现值 = 12 441（万元）

A项目净现值的等额年金 = 12 441/4.3553 = 2857（万元）

A项目的永续净现值 = 2857/10% = 28 570（万元）

B项目的净现值 = 8324（万元）

B项目的净现值的等额年金 = 8324/2.4869 = 3347（万元）

B项目的永续净现值 = 3347/10% = 33 470（万元）

比较永续净现值，B项目优于A项目，结论与共同比较期法相同。

其实，等额年金法的最后一步即永续净现值的计算，并非总是必要的。在折现率相同时，等额年金大的项目永续净现值肯定大，根据等额年金大小就可以直接判断项目的优劣。

以上两种分析方法有区别。共同年限法比较直观，易于理解，但是预计现金流的工作很困难。等额年金法应用简单，但不便于理解。

两种方法存在共同的缺点：

（1）有的领域技术进步快，目前就可以预期升级换代不可避免，不可能原样复制；

（2）如果通货膨胀比较严重，必须考虑重置成本的上升，这是一个非常具有挑战性的任务，对此两种方法都没有考虑；

（3）从长期来看，竞争会使项目净利润下降，甚至被淘汰，对此分析时没有考虑。

通常在实务中，只有重置概率很高的项目才适宜采用上述分析方法。对于预计项目年限差别不大的项目，例如8年期限和10年期限的项目，直接比较净现值，不需要做重置现金流的分析，因为预计现金流量和资本成本的误差比年限差别还大。预计项目的有效年限本来就很困难,技术进步和竞争随时会缩短一个项目的经济年限,不断的维修和改进也会延长项目的有效年限。有经验的分析人员历来不重视10年以后的数据,因其现值已经很小,往往直接舍去10年以后的数据,只进行10年内的重置现金流分析。

复习思考题

一、问答题

1. 确定性项目投资决策的评价方法有哪些?

2. 试比较净现值、内含报酬率和现值指数指标。

二、计算分析题

1. 企业拟投资建造一条生产线,投资分三次进行,分别于每年年初投入100万元。投资完成后于第四年初投入生产。该生产线预计可使用五年,期末有残值30万元。投产后每年可获税后净利分别为40万元、30万元、20万元、20万元、20万元,该企业采用直线法计提折旧,折现率为10%。

要求:用净现值指标评价该投资方案。

2. 企业拟投资60万元购买一套自动化设备进行生产,该设备可使用6年,期满无残值,每年的营业现金净流量都为15万元。该企业采用10%的折现率。

要求:用现值指数和内含报酬率评价该方案。

3. 某公司准备购入一套设备以扩充生产能力,现有甲、乙两个方案可供选择。甲方案需投资3万元,使用寿命为5年,采用直线法折旧,5年后设备无残值,5年中每年营业收入为1.5万元,每年付现成本为5000元。乙方案需投资3.6万元,采用直线法折旧,使用寿命也是5年,5年后有残值收入6000元,5年中每年营业收入为1.7万元,付现成本第1年为6000元,以后每年增加300元,另需垫支营运资金3000

元。假设所得税税率为25%,折现率为10%。

要求:计算两个方案的回收期、会计收益率、净现值、现值指数和内含报酬率。

4. 大华公司准备购入一套设备以扩充生产能力。现有甲乙两个方案可供选择,折现率为10%。所得税税率为25%,有关各年的现金流量情况如下:

项目	年度	0	1	2	3	4	5
甲方案	固定资产投资(万元)	-10 000					
	营业现金流量(万元)		3200	3200	3200	3200	3200
	现金流量合计(万元)	-10 000	3200	3200	3200	3200	3200
乙方案	固定资产投资(万元)	-12 000					
	营运资金垫支(万元)	-3000					
	营业现金流量(万元)		3800	3560	3320	3080	2840
	固定资产残值(万元)						2000
	流动资产回收(万元)						3000
	现金流量合计(万元)	-15 000	3800	3560	3320	3080	7840

要求:计算各方案的回收期、会计收益率、净现值、现值指数及内含报酬率并且评价方案的优劣。

第七章　风险状态下的项目财务评估

在上一章的分析中,我们都假设项目的现金流量是可以确知的,但实际上的投资项目总是有风险的,项目未来现金流量总会具有某种程度的不确定性。如何处置项目的风险是一个很复杂的问题,必须非常小心。

第一节　项目风险分析的主要概念

一、任何项目都有风险

任何投资项目都是有风险的,或者说项目盈利性是不确定(不稳定)的。盈利性的不稳定性来自以下原因:

(1)在项目整个寿命期限内,未来经营现金流入发生非预期的变化,包括销售数量、价格、成本和费用的非预期变化;

(2)在项目整个寿命期限内,资本成本会发生变化,包括资本市场供求关系的变化和公司资本结构的变化;

(3)项目的相关产品的寿命可能短于预测,项目提前结束了或者转产其他产品;

(4)政府对现存法律的修改和颁布新的强制性规定,可能在任何时候导致额外的投资和费用；

(5)通货膨胀、经济衰退可能影响现金流量的实际价值；

(6)国际经济和金融市场的变动可能影响项目的现金流量；

(7)国际或国内的政治事件可能影响项目的现金流量，甚至迫使项目终止。

上述因素均与项目财务评估有关。公司在进行项目投资决策时，不仅要考虑这些风险的大小并将其纳入项目的评估范围，还应在设计项目时尽可能减少这些不确定性。

二、项目风险的类别

在项目分析中，项目的风险可以从以下三个层次来看待：

(一)项目的特有风险

项目的特有风险是指项目本身的风险，它可以用项目预期收益率的波动性来衡量。例如，一项高新技术项目失败的可能性大，但是如果成功可以获得很高报酬，收益的波动性很大。如果公司只有一个项目，投资人只投资于这一个公司，那么项目的特有风险可以衡量投资人的风险，成为项目投资决策时使用的风险度量。

通常，项目的特有风险不宜作为项目投资决策时风险的度量。例如，某企业每年要进行数以百计的研究开发项目，每个项目成功的概率只有10%左右。项目如果成功，企业将获得巨额利润；项目如果失败，则会损失其全部投入。如果该企业只有一个项目，而且就是研究开发项目，则企业失败的概率为90%。当我们孤立地考察并度量每个研究开发项目自身特有的风险时，它们无疑都具有高度的风险。但从投资组合角度看，尽管该企业每年有数以百计的各自独立的研究开发项目，且每个项目都只有10%的成功可能性，但这些高风险项目组合在一起后，单个项目的大部分风险可以在企业内部分散掉，此时,企业的整体风险会低于单个研究开发项目的风险,或者说,单个研究开发项目并不一定会增加企业的整体风险。因此,项目的特有风险不宜作为项目投资决策的风险度量。

(二)项目的公司风险

项目的公司风险是指项目给公司带来的风险。项目的公司风险可以用项目对于公司未来收入不确定的影响大小来衡量。例如,一个新的投资项目与公司现有资产的平均风险相同,新的项目被采纳,不改变公司整体未来收入的不确定性,尽管公司的期望收入增加了,但是收入的不确定性没有增加。因此,该项目没有公司风险。

如果一个新项目的风险比公司现有资产的平均风险大,采纳该项目会增加公司未来收益的不确定性,该项目对于投资人来说就具有公司风险。考虑到新项目的特有风险可以通过与企业内部其他项目的组合而分散掉一部分,因此应着重考察新项目对企业现有项目组合的整体风险可能产生的增量。这个增量不是项目的全部特有风险,而是扣除已被分散化后的剩余部分。对于只是投资于一个公司的投资人来说,公司投资新项目给他带来的影响,只是这个风险增量即项目的公司风险。

(三)项目的市场风险

市场风险是指新项目给股东带来的风险,这里的股东是指投资于许多公司,其投资风险已被完全分散化的股东。

从股东角度来看待,项目特有风险被公司资产多样化分散后剩余的公司风险中,有一部分能被股东的资产多样化组合而分散掉,从而只剩下任何多样化组合都不能分散掉的系统风险。从资产组合及资本资产定价理论角度看,度量新项目投资决策的风险时,不应考虑新项目实施对企业现有风险水平可能产生的全部增减影响,因为企业股东可以通过构造一个证券组合,来消除单个股权的大部分风险。

所以,唯一影响股东预期收益的是项目的系统风险,而这也是理论上与项目分析相关的风险度量,如图7-1所示。

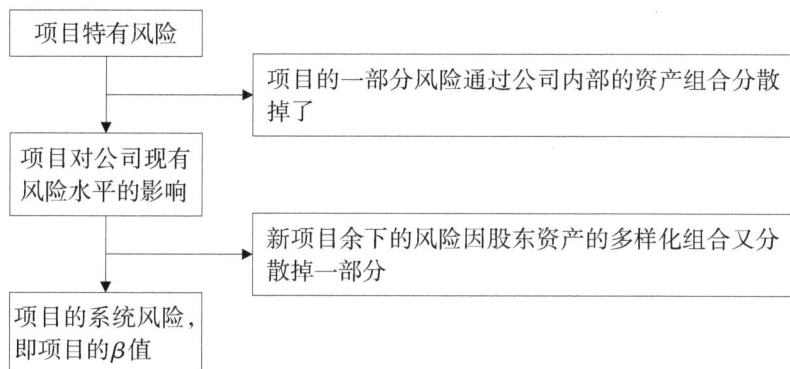

```
┌──────────────┐
│  项目特有风险  │
└──────┬───────┘
       │                    ┌──────────────────────────────┐
       │ ─────────────────→ │ 项目的一部分风险通过公司内部的资产组合分散 │
       ↓                    │ 掉了                          │
┌──────────────┐            └──────────────────────────────┘
│ 项目对公司现有  │
│ 风险水平的影响  │
└──────┬───────┘            ┌──────────────────────────────┐
       │ ─────────────────→ │ 新项目余下的风险因股东资产的多样化组合又分 │
       ↓                    │ 散掉一部分                     │
┌──────────────┐            └──────────────────────────────┘
│ 项目的系统风险, │
│ 即项目的β值    │
└──────────────┘
```

图7-1　项目风险的衡量

第二节　项目风险处置的一般方法

对项目风险处置一般有两种方法:一种是调整现金流量法;另一种是风险调整折现率法。前者是缩小净现值的分子,使净现值减少;后者是扩大净现值的分母,使净现值减少。

一、调整现金流量法

调整现金流量法也叫肯定当量法,是把不确定的现金流量调整为确定的现金流量,然后用无风险的报酬率作为折现率计算净现值。

$$风险调整后净现值 = \sum_{t=0}^{n} \frac{\alpha_t \times 现金流量期望值}{\left(1 + 无风险报酬率\right)^t}$$

式中:α_t是t年现金流量的肯定当量系数,它在$0 \sim 1$之间。

肯定当量系数,是指不肯定的1元现金流量期望值相当于使投资者满意的肯定的金额的系数。它可以把各年不肯定的现金流量换算为肯定的现金流量。

我们知道,肯定的1元比不肯定的1元更受欢迎。不肯定的1元,只相当于不足1元的金额。两者的差额,与现金流的不确定性程度的高低有关。肯定当量系数是指预计现金流入量中使投资者满意的无风险的份额。利用肯定当量系数,可以把不肯定的现金流量折算成肯定的现金流量,或者说去掉了现金流中有风险的部分,使之成为"安全"的现金流。去掉的部分包含了各种风险,既有特殊风险也有系统风险,既有经营风险也有财务风险,剩下的是无风险的现金流量。由于现金流中已经消除了全部风险,相应的折现率应当是无风险的报酬率。无风险的报酬率可以根据国库券的利率确定。

要确定肯定当量系数,首先应计算出现金流量的变异系数(标准离差率),然后根据变异系数与肯定当量系数间的经验数值确定肯定当量系数。

变异系数与肯定当量系数关系的经验数值:

变异系数	肯定当量系数
0.00 ~ 0.07	1
0.08 ~ 0.15	0.9
0.16 ~ 0.23	0.8
0.24 ~ 0.32	0.7
0.33 ~ 0.42	0.6
0.43 ~ 0.54	0.5
0.55 ~ 0.70	0.4

【例7-1】设当前的无风险报酬率为4%。公司有两个投资项目,有关资料如表7-1所示。

表7-1 调整现金流量法

单位:万元

A项目

年度	现金流入量	肯定当量系数	肯定现金流入量	现值系数（4%）	未调整现值	调整后现值
0	−40 000	1	−40 000	1.0000	−40 000	−40 000
1	13 000	0.9	11 700	0.9615	12 500	11 250
2	13 000	0.8	10 400	0.9246	12 020	9616
3	13 000	0.7	9100	0.8890	11 557	8090
4	13 000	0.6	7800	0.8548	11 112	6667
5	13 000	0.5	6500	0.8219	10 685	5342
净现值					17 874	965

B项目

年度	现金流入量	肯定当量系数	肯定现金流入量	现值系数（4%）	未调整现值	调整后现值
0	−47 000	1	−47 000	1.0000	−47 000	−47 000
1	14 000	09	12 600	0.9615	13 461	12 115
2	14 000	0.8	11 200	0.9246	12 944	10 356
3	14 000	0.8	11 200	0.8890	12 446	9957
4	14 000	0.7	9800	0.8548	11 967	8377
5	14 000	0.7	9800	0.8219	11 507	8055
净现值					15 325	1860

调整前 A 项目的净现值较大,调整后 B 项目的净现值较大。不进行调整,就可能导致错误的判断。

2. 风险调整折现率法

风险调整折现率法是更为实际、更为常用的风险处置方法。这种方法的基本思路是对高风险的项目,采用较高的折现率计算净现值。

$$调整后净现值 = \sum_{t=0}^{n} \frac{预期现金流量}{(1 + 风险调整折现率)^t}$$

风险调整折现率是风险项目应当满足投资人要求的报酬。项目的风险越大,要求的报酬率越高,这种方法的理论根据是资本资产定价模型。

投资者要求的收益率 = 无风险报酬率 + β × (市场平均报酬率 − 无风险报酬率)

资本资产定价模型是在有效的证券市场中建立的,实物资本市场不可能像证券市场那样有效,但是基本逻辑关系是一样的。因此,上面的公式可以改为

项目要求的收益率 = 无风险报酬率 + β × (市场平均报酬率 − 无风险报酬率)

【例7-2】当前的无风险报酬率为4%,市场平均报酬率为12%,A项目的β值为1.5,B项目的β值为0.75。

A项目的风险调整折现率 = 4% + 1.5 × (12% − 4%) = 16%

B项目的风险调整折现率 = 4% + 0.75 × (12% − 4%) = 10%

其他的有关数据如表7-2所示。

表7-2　风险调整折现率法

单位:万元

A项目

年度	现金流量	现值系数（4%）	未调整现值	现值系数（16%）	调整后现值
0	−40 000	1.0000	−40 000	1.0000	−40 000
1	13 000	0.9615	12 500	0.8621	11 207
2	13 000	0.9246	12 020	0.7432	9662
3	13 000	0.8890	11 557	0.6407	8329
4	13 000	0.8548	11 112	0.5523	7180
5	13 000	0.8219	10 685	0.4762	6191
净现值			17 874		2569

B项目

年度	现金流量	现值系数（4%）	未调整现值	现值系数（16%）	调整后现值
0	−40 000	1.0000	−47 000	1.0000	−47 000
1	14 000	0.9615	13 461	0.9091	12 727
2	14 000	0.9246	12 944	0.8264	11 570
3	14 000	0.8890	12 446	0.7513	10 518
4	14 000	0.8584	11 967	0.6830	9562
5	14 000	0.8219	11 507	0.6209	8693
净现值			15 325		6070

如果不进行折现率调整,两个项目净现值差不多,A项目净现值比较高;调整后,两个项目净现值有明显差别,B项目净现值要高得多。

3. 两种方法的区别

调整现金流量法在理论上受到好评。该方法对时间价值和风险价值分别进行调整,先调整风险,然后对肯定现金流量用无风险报酬率进行贴现。对不同年份的现金流量,可以根据风险的差别使用不同的肯定当量系数进行调整。

风险调整折现率法在理论上受到批评,因其用单一的折现率同时完成风险调整和时间调整。这种做法意味着风险随时间推移而加大,可能与事实不符,夸大远期现金流量的风险。

实务上被普遍接受的做法是:根据项目的系统风险调整折现率,用项目的特有风险调整现金流量。

二、项目系统风险的衡量和处置

(一)加权平均成本与权益资本成本

计算项目的净现值有两种办法:一种是实体现金流量法,即以企业实体为背景,确定项目对企业实体现金流量的影响,以企业的加权平均资本成本为折现率;另一种是股权现金流量法,即以股东为背景,确定项目对股权现金流量的影响,以权益资本成本作为折现率。

【例7-3】某公司的资本结构为负债60%,所有者权益40%;负债的税后成本为5%,所有者权益的成本为20%,其加权平均资本成本为

加权平均资本成本 = 5%×60% + 20%×40% = 11%

该公司正在考虑一个投资项目,该项目需要投资100万元,预计每年产生税后(息前)现金流量11万元,其风险与公司现有资产的平

均风险相同。该项目可以不断地持续下去,即可以得到一个永续年金。公司计划筹集60万元的债务资本,税后的利息率仍为5%,企业为此每年流出现金3万元;筹集40万元的权益资本,要求的报酬率仍为20%。

按照实体现金流量法,项目引起的公司现金流入增量是每年11万元,这个现金流应由债权人和股东共享,所以应用两者要求报酬率的加权平均数作为资本成本进行折现。

净现值 = 实体现金流量 ÷ 实体加权平均资本成本 – 原始投资
= 11 ÷ 11% – 100 = 0(万元)

按照股权现金流量法,项目为股东增加的现金流量是每年8(11–3)万元,这个现金流量属于股东,所以应用权益资本成本作为折现率。

净现值 = 股权现金流量 ÷ 股东要求的收益率 – 股东投资额
= 8 ÷ 20% – 40 = 0(万元)

这个例子说明了什么?

(1)两种方法计算的净现值没有实质区别。如果实体现金流量折现后为零,则股权现金流量折现后也为零;如果实体现金流量折现后为正值,股权现金流量折现后也为正值。值得注意的是,不能用股东要求的报酬率去折现企业实体的现金流量,也不能用企业加权平均资本成本折现股权现金流量。经常有人问:"借款利息是否应计入现金流量?"这个问题不能用"是"或"不是"来回答,要看你使用的折现率是加权平均资本成本还是股权资本成本。利息是实体现金流量的一部分,但不是股权的现金流量。

(2)折现率应当反映现金流量的风险。股权现金流量的风险比实体现金流量大,它包含了公司的财务风险。实体现金流量不包含财务风险,比股东的现金流量风险小。

（3）增加债务不一定会降低加权平均资本成本。如果市场是完善的，增加债务比重并不会降低加权平均资本成本，因为股东要求的报酬率会因财务风险增加而提高，并完全抵消增加债务的好处。即使市场不够完善，增加债务比重导致的加权平均资本成本降低，也会大部分被权益资本成本增加所抵消。

（4）实体现金流量法比股权现金流量法简洁。因为股东要求的报酬率不但受经营风险的影响，而且受财务杠杆的影响，估计起来十分困难。不如把投资和筹资分开考虑，首先评价项目本身的经济价值而不管筹资的方式如何，如果投资项目有正的净现值，再去处理筹资的细节问题。筹资只是如何分配净现值的问题，主要是利息减税造成的股东和政府之间的分配问题。

（二）项目系统风险的衡量与处置

如果项目的风险与企业当前资产的平均风险相同并且企业继续采用相同的资本结构为新项目筹资，那么，用企业当前的加权平均资本成本作为项目的折现率，来衡量与处置项目系统风险。

如果新项目的风险与现有资产的平均风险显著不同，就不能使用公司当前的加权平均资本成本，而应当估计项目的系统风险，并计算项目的资本成本即投资人对于项目要求的必要报酬率，来衡量与处置项目系统风险。

上述两种情况的具体内容详见第五章第二节，不再赘述。

三、项目特有风险的衡量与处置

在项目评估时，是否要衡量与处置项目的特有风险？答案是肯定的。

首先，项目的特有风险、公司风险和系统风险有高度的相关性。如果整个经济形势好，公司的经营状况就会比较好，大部分项目的状况也会比较好。反过来看,项目状况好的一个重要原因是公司经营状况好,而公司经营状况好的一个重要原因是整个经济形势比较好。因此,从一个项目的状况就可以大体看出公司经营的好坏,甚至整个经济形势的好坏。因此,在典型情况下,项目特有风险和项目的公司风险高度相关,项目特有风险是公司风险的一个很好的度量;对于大多数公司来说,市场风险与公司风险高度相关,公司风险高于平均水平的项目会有更高的市场风险,或者说,公司风险低的项目其市场风险也比较低。

其次,项目的公司风险和系统风险是很难计量的。衡量项目的特有风险比衡量项目的公司风险和系统风险要容易。我们能够判断一个特定项目的特有风险比公司项目的平均风险水平高或者低,对此我们比较有信心,而对于项目公司风险和系统风险的判断,往往缺乏信心。

衡量项目特有风险的方法主要有三种:敏感性分析、情景分析和模拟分析。

(一)敏感性分析

敏感性分析是一项有广泛用途的分析技术。投资项目的敏感性分析,通常是在假定其他变量不变的情况下,测定某一个变量发生特定变化时对净现值(或内含报酬率)的影响。敏感性分析主要包括最大最小法和敏感程度法两种分析方法。

1. 最大最小法

最大最小法的主要步骤是:

(1)给定计算净现值的每个变量的预期值。计算净现值时需要使用预期的原始投资、营业现金流入、营业现金流出等变量。这些变量都是最可能发生的数值,称为预期值。

(2)根据变量的预期值计算净现值,由此得出的净现值称为基准净现值。

（3）选择一个变量并假设其他变量不变，令净现值等于零，计算选定变量的临界值。如此往复，测试每个变量的临界值。

通过上述步骤，可以得出使基准净现值由正值变为负值（或相反）的各变量最大（或最小）值，可以帮助决策者认识项目的特有风险。

【例7-4】A公司拟投产一个新产品，预期每年增加税后营业现金流入100万元，增加税后营业现金流出69万元；预计需要初始投资90万元，项目寿命为4年；公司的所得税税率为20%。有关数据如表7-3的"预期值"栏所示，根据各项预期值计算的净现值为22.53万元。

由于各变量具有不确定性，据此计算的净现值也具有不确定性。假设主要的不确定性来自营业现金流，因此，只分析营业现金流入和营业现金流出变动对净现值的影响。首先分析营业现金流入变动的影响：令净现值等于零，其他因素不变，求解此时的税后营业现金流入，其结果为92.89万元。该数据表示，如果每年税后营业现金流入下降到92.89万元，则净现值变为零，该项目不再具有投资价值。其次分析营业现金流出的影响：令净现值为零，因素保持基准状态，求解此时的税后营业现金流出，其结果为76.11万元。该数据表明，税后营业现金流出上升至76.11万元，则项目不再具有投资价值。如果决策者对于上述最小营业现金流入和最大现金营业流出有信心，则项目是可行的。如果相反，决策者认为营业现金流入很可能低于上述最小值，或者营业现金流出很可能超出上述最大值，则项目风险很大，应慎重考虑是否应承担该风险

表 7-3　最大最小法敏感性分析表

单位:万元

项目	预期值	税后营业流入最小值	税后营业流出最大值
每年税后营业现金流入	100	92.89	100
每年税后营业现金流出	69	69	76.11
折旧抵税(20%)	4.5	4.5	4.5
每年税后营业现金净流量	35.5	28.39	28.39
年金现值系数(10%,4年)	3.1699	3.1699	3.1699
每年税后营业现金净流量总现值	112.53	90.00	90.00
初始投资	90.00	90.00	90.00
净现值	22.53	0.00	0.00

还可分析初始投资额、项目的寿命等的临界值,或者进一步分析营业现金流量的驱动因素,如销量最小值、单价最小值、单位变动成本最大值等,更全面地认识项目风险。

2. 敏感程度法

敏感程度法的主要步骤如下:

(1)计算项目的基准净现值(方法与最大最小法相同)。

(2)选定一个变量,如每年税后营业现金流入,假设其发生一定幅度的变化,而其他因素不变,重新计算净现值。

(3)计算选定变量的敏感系数。

敏感系数 = 目标值变动百分比/选定变量变动百分比

它表示选定变量变化时导致目标值变动的百分数,可以反映目标值对于选定变量变化的敏感程度。

(4)根据上述分析结果,对项目的敏感性做出判断。

依照前例数据,先计算税后营业现金流入增减5%和增减10%（其他因素不变）的净现值,以及税后营业现金流入变动净现值的敏感系数,计算过程如表7-4所示。然后按照同样方法,分别计算税后营业现金流出和初始投资变动对净现值的影响,计算过程如表7-5和表7-6所示。

表7-4　敏感程度法:每年税后营业现金流入变化

单位:万元

变动百分比	−10%	−5%	基本情况 (0%)	+5%	+10%
每年税后营业现金流入	90	95	100	105.00	110.00
每年税后营业现金流出	69	69	69	69	69
每年折旧抵税(20%)	4.5	4.5	4.5	4.5	4.5
每年税后营业现金净流量	25.5	30.5	35.5	40.5	45.5
年金现值系数(10%,4年)	3.1699	3.1699	3.1699	3.1699	3.1699
每年税后营业现金净流量总现值	80.83	96.68	112.53	128.38	144.23
初始投资	90.00	90.00	90.00	90.00	90.00
净现值	−9.17	6.68	22.53	38.38	54.23
每年税后营业现金流入的敏感系数	[(54.23−22.53)/22.53]/10% = 140.7%/10% = 14.07				

表7-5　敏感程度法:每年税后营业现金流出变化

单位:万元

变动百分比	−10%	−5%	基准情况 (0%)	+5%	+10%
每年税后营业现金流入	100	100	100	100	100
每年税后营业现金流出	62.10	65.55	69.00	72.45	75.9

续　表

变动百分比	-10%	-5%	基准情况 (0%)	+5%	+10%
每年折旧抵税(20%)	4.50	4.50	4.50	4.50	4.50
每年税后营业现金净流量	42.40	38.95	35.50	32.05	28.60
年金现值系数(10%,4年)	3.1699	3.1699	3.1699	3.1699	3.1699
每年税后营业现金净流量总现值	134.40	123.47	112.53	101.60	90.66
初始投资	90.00	90.00	90.00	90.00	90.00
净现值	44.40	33.47	22.53	11.60	0.66
每年税后营业现金流出的敏感系数	[(0.66-22.53)/22.53]/10% = -97.07%/10% = -9.71				

表7-6　敏感程度法:初始投资变化

单位:万元

变动百分比	-10%	-5%	基准情况 (0%)	+5%	+10%
每年税后营业现金流入	100	100	100	100	100
每年税后营业现金流出	69	69	69	69	69
每年折旧抵税(20%)	4.05	4.275	4.5	4.725	4.95
每年税后营业现金净流量	35.05	35.275	35.5	35.725	35.95
年金现值系数(10%,4年)	3.1699	3.1699	3.1699	3.1699	3.1699
每年税后营业现金净流量总现值	111.10	111.82	112.53	113.24	113.96
初始投资	81	85.5	90	94.5	99
净现值	30.10	26.32	22.53	18.74	14.96
初始投资的敏感系数	[(14.96-22.53)/22.53]/10% = -33.60% ÷ 0% = -3.36				

表7-4、表7-5、表7-6中分别计算了三个变量变化一定百分比对净现值的影响,向决策人展示了不同前景出现时的后果。这些信息可以帮助决策人认识项目的特有风险和应关注的重点。例如,税后营业现金流入降低10%就会使该项目失去投资价值,若这种可能性较大就应考虑放弃项目,或者重新设计项目加以避免,至少要有应对的预案。该变量是引发净现值变化的主要敏感因素,营业收入每减少1%,项目净现值就损失14.07%,或者说营业收入每增加1%,净现值就提高14.07%。若实施该项目,应予以重点关注。次要敏感因素是税后营业现金流出,相对不很敏感的因素是投资额,但都具一定的影响。因此,从总体上看该项目风险较大。

敏感分析是一种最常用的风险分析方法,计算过程简单,易于理解,但也存在局限性,主要有:

(1)在进行敏感分析时,只允许一个变量发生变动,而假设其他变量保持不变,但在现实世界中这些变量通常是相互关联的,会一起发生变动,但是变动的幅度不同;

(2)每次测算一个变量变化对净现值的影响,可以提供一系列分析结果,但是没有给出每一个数值发生的可能性。

(二)情景分析

情景分析是经常使用的一种评估项目风险的方法。

情景分析与敏感性分析的区别是:情景分析允许多个变量同时变动,而不是假设前提因素不变;考虑不同情景下关键变量出现的概率。

情景分析一般假定三种情景:基准情景,即最可能出现的情况;最坏情景,即所有变量都处于不利水平;最好情景,即所有变量都处于理想局面。通常假设基准情景出现的概率为50%,最坏和最好情景出现的概率各占25%。实际的概率分布可能并非如此,但这样估计并不妨碍我们发现风险分析中的主要问题。

情景分析的主要过程是:根据不同情景的三组数据计算不同情景下的净现值,然后计算预期净现值及其离散程度。

【例7-5】假设某投资项目需购买一台设备,支付现金24万元,设备寿命期6年,没有残值,采用直线折旧法。项目的资本成本率是10%,所得税税率是25%。其他信息如表7-7所示。

表7-7 项目的相关信息

单位:元

项目	基准	最坏	最好
概率	0.5	0.25	0.25
销售量(件)	7000	6 000	8000
单价	85	82	87
单位变动成本(元/件)	60	65	55
每年固定成本(不含折旧)	60 000	70 000	50 000
计算过程:			
收入	595 000	492 000	696 000
变动成本	420 000	390 000	440 000
固定成本	60 000	70 000	50 000
折旧	40 000	40 000	40 000
利润	75 000	−8000	166 000
所得税(25%)	18 750	−2000	41 500
净利润	56 250	−6000	124 500
折旧	40 000	40 000	40 000
年营业现金流量	96 250	34 000	164 500

续　表

项目	基准	最坏	最好
年金现值系数(10%,6年)	4.3553	-4.3553	4.3553
现金流入总现值	419 198	148 080	716 447
初始投资	-240 000	-240 000	-240 000
净现值	179 198	-91 920	476 447
期望净现值	89 599	-22 980	119 112
预期净现值合计	185 731		
净现值的总体标准差	201 054. 24		
净现值的变化系数	1.08		

根据计算结果可知,项目有一个正的期望净现值185 731元,有望盈利;最坏的情景净现值为-91 920元,要看公司是否可以承受,对于一个大公司来说此数额不会给整体带来灾难;如果万事如意,净现值为476 447元。净现值变化系数1.08,可以反映项目的特有风险,可以与其他项目或者公司的现金流量变化系数相比。例如,公司现金流量的变化系数是1,那么该项目的特有风险比公司现有资产的平均风险大一些。

情景分析存在的局限性:只考虑有限的几种状态下的净现值,实际上有无限多的情景和可能结果;估计三种情景出现的概率,有一定主观性,需要经验和判断力。

(三)模拟分析

模拟分析也经常被称为蒙特卡洛模拟。它是敏感分析和概率分布原理结合的产物。模拟分析使用计算机输入影响项目现金流量的基本变量,然后模拟项目运作的过程,最终得出项目净现值的概率分布。采用模拟分析需要知道未来现金流量的连续分布概率。

模拟过程通常包括如下步骤：

(1)对投资项目建立一个模型，即确定项目净现值与基本变量之间的关系。基本变量包括收入、单价、单位变动成本等。有时使用更为基本的变量，如人工成本、材料价格、材料消耗量等。

(2)给出基本变量的概率分布。

(3)从关键变量的概率分布中随机选取变量的数值，并计算不同情景下的净现值。

(4)重复步骤(3)多次，如1000次，直至得到项目净现值具有代表性的概率分布为止。

(5)评估项目净现值的概率分布，它反映了项目的特有风险。

模拟方法比情景分析是一个进步。它不是只考虑有限的几种情景，而是考虑了无限多的情景。

模拟方法的主要局限性在于基本变量的概率信息难以取得。由于分析人员很难挑选到合适的分布来描述某个变量，也很难选择该分布的各种参数，当这些选择进行得很随意时，我们所得到的模拟结果尽管在理论上很吸引人，但实际上毫无用处。

复习思考题

一、问答题

1. 在项目投资决策中如何考虑风险？

2. 风险性投资项目决策的方法有哪些？

二、计算分析题

1. 目的：练习风险性投资决策方法。

资料：某企业投资1.56万元购入一台设备。该设备预计净残值为 600 元,可使用 3 年,按直线法计提折旧。该设备投产后每年营业收入增加额分别为 1 万元、2 万元、1.5 万元,除折旧外的费用增加额分别为 4000 元、1.2 万元、5000 元。所得税税率为 25%,无风险报酬率为 10%,风险系数为 0.5,市场平均投资报酬率为 14%,目前年税后净利为 2 万元。

要求:

(1)假定经营无变化,预测未来三年每年的税后利润;

(2)计算该投资方案不含有风险的净现值;

(3)进行该投资方案的风险分析,计算风险调整后的净现值。

2. 目的:练习风险性投资决策方法——调整现金流量法。

资料:某公司准备投资一个项目,现正在研究该项目的可行性,其有关资料如下:

年度	现金流量(万元)	概率分布
0	−1500	1
1	600	0.2
	800	0.6
	1000	0.2
2	700	0.2
	900	0.4
	1000	0.4
3	500	0.3
	900	0.4
	1300	0.3

变化系数与肯定当量系数之间的经验关系如下：

变异系数	肯定当量系数
0.00 ~ 0.07	1
0.08 ~ 0.15	0.9
0.16 ~ 0.23	0.8
0.24 ~ 0.32	0.7
0.33 ~ 0.42	0.6
0.43 ~ 0.54	0.5
0.55 ~ 0.70	0.4

要求：假设无风险投资报酬率为8%，用调整现金流量法评价该项目是否经济可行。

第八章　固定资产更新的财务评估

固定资产更新是对技术上或经济上不宜继续使用的旧资产,用新的资产更换,或用先进的技术对原有设备进行局部改造。

固定资产更新决策主要研究两个问题:一个是决定是否更新,即继续使用旧资产还是更换新资产;另一个是决定选择什么样的资产来更新。实际上,这两个问题是结合在一起考虑的,如果市场上没有比现有设备更适用的设备,那么就继续使用旧设备。由于旧设备总可以通过修理继续使用,所以更新决策是继续使用旧设备与购置新设备的选择。

一、固定资产更新决策的现金流量

更新决策不同于一般的投资决策。一般来说,设备更换并不改变企业的生产能力,不增加企业的现金流入。更新决策的现金流量主要是现金流出,即使有少量的残值变价收入,也属于支出抵减,而非实质上的流入增加。由于只有现金流出,而没有现金流入,所以采用现金流量分析方法有困难。

【例8-1】某企业有一台旧设备,工程技术人员提出更新要求,有关数据如表8-1所示。

表8-1 新旧设备数据

	旧设备	新设备
原值(万元)	2200	2400
预计使用年限(年)	10	10
已经使用年限(年)	4	0
最终残值(万元)	200	300
变现价格(万元)	600	2400
年运行成本(万元)	700	400

假设该企业要求的最低报酬率为15%,继续使用与更新的现金流量如图8-1所示。

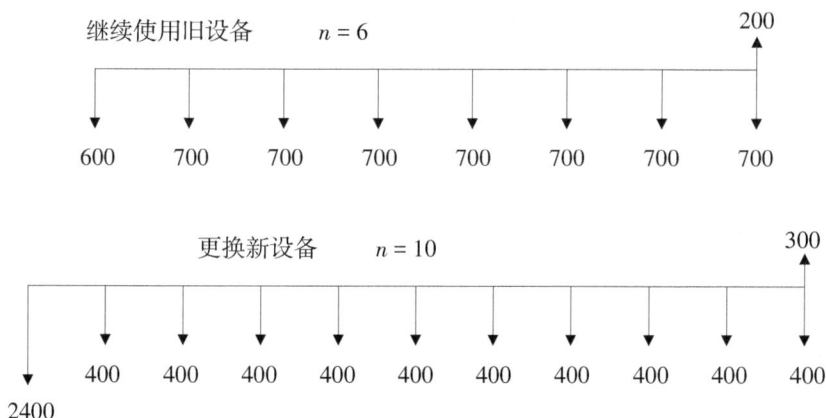

图8-1 旧设备继续使用与更新的现金流量(万元)

由于没有适当的现金流入,无论哪个方案都不能计算其净现值和内含报酬率。通常,在收入相同时,我们认为成本较低的方案是好方案。那么,我们可否通过比较两个方案的总成本来判别方案的优劣呢？仍然不妥。因为旧设备尚可使用6年，而新设备可使用10年，两个方案取得的"产出"并不相同。因此，我们应当比较其1年的成本，即获得1年的生产能力所付出的代价，据此判断方案的优劣。

我们是否可以使用差额分析法，根据实际的现金流动进行分析呢？仍然有问题。两个方案投资相差1800(2400－600)万元，作为更新的现金流出；每年运行成本相差300(700－400)万元，是更新带来的成本节约额，视同现金流入。问题在于旧设备于第6年报废，新设备在第7～10年仍可使用，后4年无法确定成本节约额。因此，这种办法仍然不妥。除非新、旧设备未来使用年限相同（这种情况十分罕见），或者能确定继续使用旧设备时第7年选择何种设备（这也是相当困难的），根据实际现金流量进行分析会碰到困难。

因此，较好的分析方法是比较设备继续使用和更新的年成本，以年成本较低的作为决策方案。

二、固定资产的平均年成本

固定资产的平均年成本，是指该资产引起的现金流出的年平均值。如果不考虑货币的时间价值，它是未来使用年限内的现金流出总额与使用年限的比值。如果考虑货币的时间价值，它是未来使用年限内现金流出总现值与年金现值系数的比值，即平均每年的现金流出。

1. 不考虑货币的时间价值，固定资产的平均年成本是未来使用年限内的现金流出总额与使用年限的比值

如【例8-1】资料，不考虑货币的时间价值时：

$$旧设备平均年成本 = \frac{600 + 700 \times 6 - 200}{6} = \frac{4600}{6} = 767（万元）$$

$$新设备平均年成本 = \frac{2400 + 400 \times 10 - 300}{100} = \frac{6100}{100} = 610(万元)$$

2. 考虑货币的时间价值,有两种计算方法

(1)计算现金流出的总现值,然后分摊给每一年。

旧设备平均年成本

$$= \frac{600 + 700 \times (P/A, 15\%, 6) - 200 \times (P/F, 15\%, 6)}{(P/A, 15\%, 6)}$$

$$= \frac{600 + 700 \times 3.784 - 200 \times 0.432}{3.784} = 836(万元)$$

新设备平均年成本

$$= \frac{2400 + 400 \times (P/A, 15\%, 10) - 300 \times (P/F, 15\%, 10)}{(P/A, 15\%, 10)}$$

$$= \frac{2400 + 400 \times 5.019 - 300 \times 0.247}{5.019} = 863(万元)$$

(2)由于各年已经有相等的运行成本,只要将原始投资和残值摊销到每年,然后求和,亦可得到每年平均的现金流出量。

平均年成本 = 投资摊销 + 运行成本 − 残值摊销

$$旧设备平均年成本 = \frac{600}{(P/A, 15\%, 6)} + 700 - \frac{200}{(F/A, 15\%, 6)}$$

$$= \frac{600}{3.784} + 700 - \frac{200}{8.754} = 836(万元)$$

$$新设备平均年成本 = \frac{2400}{(P/A, 15\%, 10)} + 400 - \frac{300}{(F/A, 15\%, 10)}$$

$$= \frac{2400}{5.019} + 400 - \frac{300}{20.304} = 863(万元)$$

通过上述计算可知,使用旧设备的平均年成本较低,不宜进行设备更新。

使用平均年成本法时要注意两个问题:

(1)平均年成本法是把继续使用旧设备和购置新设备看成两个

互斥的方案,而不是一个更换设备的特定方案。也就是说,要有正确的"局外观",即从局外人角度来考察:一个方案是用600万元购置旧设备,可使用6年;另一个方案是用2400万元购置新设备,可使用10年。在此基础上比较各自的平均年成本孰高孰低,并做出选择。由于两者的使用年限不同,前一个方案只有6年的现金流量数据,后一个方案持续10年,缺少后4年的差额现金流量数据。因此,不能根据各年现金净流量的差额计算净现值和内含报酬率。对于更新决策来说,除非未来使用年限相同,否则,不能根据实际现金流动分析的净现值法或内含报酬率法解决问题。

(2)平均年成本法的假设前提是将来设备再更换时,可以按原来的平均年成本找到可代替的设备。例如,旧设备6年后报废时,仍可找到使用年成本为836万元的可代替设备。如果有明显证据表明,6年后可替换设备平均年成本会高于当前更新设备的市场年成本(863万元),则需要把6年后更新设备的成本纳入分析范围,合并计算当前使用旧设备及6年后更新设备的综合平均年成本,然后与当前更新设备的平均年成本进行比较。这就会成为多阶段决策问题。由于未来数据的估计有很大主观性,时间越长越靠不住,因此,平均年成本法通常以旧设备尚可使用年限(6年)为"比较期",一般情况下不会有太大误差。如果以新设备可用年限(10年)为比较期,则要有旧设备报废时再购置新设备的可靠成本资料。另一种替代方法是预计当前拟更换新设备6年后的变现价值,计算其6年的平均年成本,与旧设备的平均年成本进行比较。不过,预计6年后尚可使用设备的变现价值也是很困难的,其实际意义并不大。

三、固定资产的经济寿命

通过固定资产的平均年成本概念,我们很容易发现,固定资产的使用初期运行费比较低,以后随着设备逐渐陈旧,性能变差,维护费用、修理费用、能源消耗费用等运行成本会逐步增加。与此同时,固定资产的价值逐渐减少,资产占用的资金应计利息等持有成本也会逐步减少。随着时间的递延,平均年运行成本和平均年持有成本呈反向变化,两者之和呈马鞍形,如图8-2所示。这样必然存在一个最经济的使用年限,即使固定资产的平均年成本最小的那一年限。

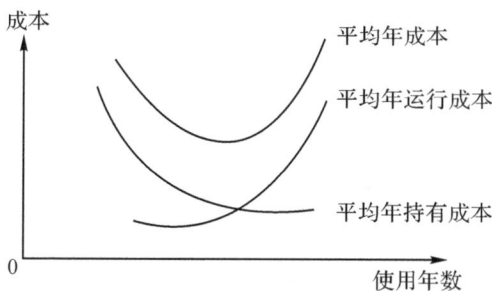

图 8-2　固定资产的平均年成本

设:C——固定资产原值;

S_n——n年后固定资产余值;

C_t——第t年运行成本;

n——预计使用年限;

i——投资必要报酬率;

UAC——固定资产平均年成本。

则:$UAC = \left[C - \dfrac{S_n}{(1+i)^n} + \sum_{t=1}^{n} \dfrac{C_t}{(1+i)^t} \right] \div (P/A, i, n)$

【例8-2】设某资产原值为1400万元,运行成本逐年增加,折余价值逐年下降。有关数据如表8-2所示。

表8-2　固定资产的经济寿命

单位:万元

更新年限	原值①	余值②	贴现系数③(i=8%)	余值现值④=②×③	运行成本⑤	运行成本现值⑥=⑤×③	更新时运行成本现值⑦=Σ⑥	现值总成本⑧=①-④+⑦	年现金值系数(I=8%)⑨	平均年成本⑩=⑧÷⑨
1	1400	1000	0.926	926	200	185	185	659	0.926	711.7
2	1400	760	0.857	651	220	189	374	1123	1.783	629.8
3	1400	600	0.794	476	250	199	573	1497	2.577	580.9
4	1400	460	0.735	338	290	213	786	1848	3.312	558.0
5	1400	340	0.681	232	340	232	1018	2186	3.993	547.5
6	1400	240	0.630	151	400	252	1270	2519	4.623	544.9
7	1400	160	0.583	93	450	262	1532	2839	5.206	545.3
8	1400	100	0.541	54	500	271	1803	3149	5.749	547.8

该项资产如果使用6年后更新,每年的平均成本是544.9万元,比其他时间更新的成本低,因此6年是其经济寿命。

四、所得税和折旧①对现金流量的影响

所得税是企业的一种现金流出,它取决于利润大小和税率高低,而利润大小受折旧方法的影响。因此,讨论所得税问题必然会涉及

---

① 此处折旧是广义的折旧费用,包括固定资产的折旧费用和无形资产的摊销费用。下同。

折旧问题。折旧对投资决策产生影响,实际是由所得税引起的。因此,这两个问题要放在一起讨论。

1. 税后收入和税后费用

如果有人问你,你租的宿舍房租是多少,你一定会很快将你每月付出的租金说出来。如果问一位企业家,他的工厂厂房租金是多少,他的答案比实际每个月付出的租金要少一些。因为租金是一项可以减免所得税的费用,所以应以税后的基础来观察。凡是可以减免税负的项目,实际支付额并不是真实的成本,而应将因此而减少的所得税考虑进去。扣除了所得税影响以后的费用净额,称为税后费用。

【例8-3】某公司目前的损益状况如表8-3所示。该公司正在考虑一项广告计划,每月支付2000万元,假设所得税税率为25%,该项广告的税后费用是多少?

表8-3　公司损益数据

单位:万元

项目	目前(不做广告)	做广告方案
营业收入	15 000	15 000
成本和费用	5000	5000
新增广告		2000
税前经营利润	10 000	8000
所得税费用(25%)	2500	2000
税后经营净利润	7500	6000
新增广告税后成本	1500	

从表8-3可以看出,该项广告的税后费用为每月1500万元。这个结论是正确无误的,两个方案(不做广告与做广告)的唯一差别是广告费2000万元,对净利的影响为1500万元。

税后费用的一般公式为

税后费用 = 费用金额 × (1 – 所得税税率)

据此公式计算广告的税后费用为

税后费用 = 2000 × (1 – 25%) = 1500(万元)

与税后费用相对应的概念是税后收入。如果有人问你,你每月工资收入是多少,你可能很快回答工资单上的合计数。如果你刚刚出版了一本书,有人问你得到多少稿酬,你的答案比出版社计算的稿酬要少一些。因为通常一本书的稿酬会超过征税的起点,而你的工资可能并未征税。

由于所得税的作用,企业营业收入的金额有一部分会流出企业,企业实际得到的现金流入是税后收入:

税后收入 = 收入金额 × (1 – 所得税税率)

这里所说的"收入金额"是指根据税法规定需要纳税的营业收入,不包括项目结束时收回垫支营运资本等现金流入。

2. 折旧的抵税作用

加大成本会减少利润,从而使所得税减少。如果不计提折旧,企业的所得税将会增加许多。折旧可以起到减少税负的作用,这种作用称之为"折旧抵税"。

【例8-4】假设有甲公司和乙公司,其全年营业收入、付现营业费用均相同,所得税税率为25%。两者的区别是甲公司有一项可计提折旧的资产,每年折旧额相同。两家公司的现金流量如表8-4所示。

表8-4　折旧对税负的影响

单位:万元

项目	甲公司	乙公司
营业收入	20 000	20 000

续　表

项目	甲公司	乙公司
费用:		
付现营业费用	10 000	10 000
折旧	3000	0
合计	13 000	10 000
税前经营利润	7000	10 000
所得税费用(25%)	1750	2500
税后经营净利润	5250	7500
营业现金毛流量:		
税后经营净利润	5250	7500
折旧	3000	0
合计	8250	7500
甲公司比乙公司拥有较多现金	750	

　　甲公司税后经营净利润虽然比乙公司少 2250 万元,但现金净流入却多出 750 万元,其原因在于有 3000 万元的折旧计入费用,使应纳税所得额减少 3000 万元,从而少纳税 730(3000 × 25%)万元。这笔现金保留在企业里,不必缴出。从增量分析的观点来看,由于增加了一笔 3000 万元折旧,企业获得 750 万元的现金流入。折旧对税负的影响可按下式计算:

　　折旧抵税 = 折旧 × 所得税税率 = 3000 × 25% = 750(万元)

　　3. 税后现金流量。在加入所得税因素以后,现金流量的计算有三种方法。

　　第一种是直接法。根据现金流量的定义,所得税是一种现金支付,应当作为每年营业现金毛流量的一个减项。

营业现金毛流量 = 营业收入 – 付现营业费用 – 所得税　　（8-1）

注意，这里的"营业现金毛流量"，即未扣除营运资本投资的营业现金毛流量。

第二种是间接法。营业现金毛流量 = 税后经营净利润 + 折旧

$$（8-2）$$

上述两个公式的结果是一致的，推导如下：

营业现金毛流量 = 营业收入 – 付现营业费用 – 所得税

$$= 营业收入 – （营业费用 – 折旧） – 所得税.$$

$$= 税前经营利润 + 折旧 – 所得税$$

$$= 税后经营净利润 + 折旧$$

第三种是根据所得税对收入、费用和折旧的影响计算。

营业现金毛流量 = 税后营业收入 – 税后付现营业费用 + 折旧抵税

$$= 营业收入 × （1 – 所得税税率） – 付现营业费用$$
$$× （1 – 所得税税率） + 折旧 × 所得税税率（8-3）$$

式（8-3）也可以由式（8-2）推导出来：

营业现金毛流量 = 税后经营净利润 + 折旧

$$= （营业收入 – 营业费用） × （1 – 所得税税率） + 折旧$$

$$= （营业收入 – 付现营业费用 – 折旧） × （1 – 所得税税率） + 折旧$$

$$= 营业收入 × （1 – 所得税税率） – 付现营业费用 × （1 – 所得税税率） – 折旧 × （1 – 所得税税率） + 折旧$$

$$= 营业收入 × （1 – 所得税税率） – 付现营业费用 × （1 – 所得税税率） – 折旧 + 折旧 × 税率 + 折旧$$

$$= 营业收入 × （1 – 所得税税率） – 付现营业费用 × （1 – 所得税税率） + 折旧 × 所得税税率$$

上述三个公式,最常用的是式(8-3),因为企业的所得税是根据企业利润总额计算的。在决定某个项目是否投资时,我们往往使用差额分析法确定现金流量,并不知道整个企业的税后经营净利润及与此有关的所得税,这就妨碍了式(8-1)和式(8-2)的使用。式(8-3)并不需要知道企业的税后经营净利润是多少,使用起来比较方便。尤其是有关固定资产更新的决策,我们没有办法计量某项资产给企业带来的收入和利润,以至于无法使用前两个公式。

【例8-5】某公司有一台设备,购于3年前,现在考虑是否需要更新。该公司所得税率为25%,假设税法允许大修支出一次性税前扣除,其他有关资料如表8-5所示。

表8-5　设备有关资料

单位:万元

项目	旧设备	新设备
原价	60 000	50 000
税法规定残值(10%)	6000	5000
税法规定使用年限(年)	6	4
已用年限(年)	3	0
尚可使用年限(年)	4	4
每年操作成本	8600	5000
两年年末大修支出	28 000	
最终报废残值	7000	10 000
目前变现价值	10 000	
每年折旧额:	(直线法)	(年数总和法)
第1年	9000	18 000

续　表

项目	旧设备	新设备
第2年	9000	13500
第3年	9000	9000
第4年	0	4500

假设两台设备的生产能力相同,并且未来可使用年限相同,我们可通过比较其现金流出的总现值,判断方案优劣(见表8-6)。更换新设备的现金流出总现值为46 574.88万元,比继续使用旧设备的现金流出总现值43 336.50万元要多出3238.38万元。因此,继续使用旧设备较好,如果未来的尚可使用年限不同,则需要将总现值转换成平均年成本,然后进行比较。

表8-6　新旧设备现值表

单位:万元

	项目	现金流量	时间(年次)	系数(10%)	现值
继续用旧设备	旧设备变现价值	$-10\,000$	0	1	$-10\,000$
	旧设备变现损失减税	$(10\,000-33\,000)\times25\%=-5750$	0	1	-5750
	每年付现使用成本	$-8600\times(1-25\%)=-6450$	$1\sim4$	3.170	$-20\,446.50$
	每年折旧抵税	$9000\times25\%=2250$	$1\sim3$	2.487	5595.75
	两年年末大修成本	$-28\,000\times(1-25\%)=-21000$	2	0.826	$-17\,346$
	残值变现收入	7000	4	0.683	4781
	残值变现净收入纳税	$-(7000-6000)\times25\%=-250$	4	0.683	-170.75

续　表

项目		现金流量	时间 (年次)	系数 (10%)	现值
合计					−43 336.50
更换新 设备	设备投 资	−50 000	0	1	−50000
	每年付 现使用 成本	−5000×(1−25%)=−3750	1~4	3.170	−11 887.50
每年折 旧抵税	第1年	18 000×25%=4500	1	0.909	4090.50
	第2年	13 500×25%=3375	2	0.826	2787.75
	第3年	9000×25%=2250	3	0.751	1689.75
	第4年	4500×25%=1125	4	0.683	768.38
	残值变 现收入	10 000	4	0.683	6830
	残值变 现利得 纳税	−(10 000−5000)×25%=−1250	4	0.683	−853.75
合计					−46 574.88

复习思考题

一、问答题

1. 在新、旧设备使用年限不同条件下,如何进行方案的评价与选择?

2. 在资本限量条件下,如何进行投资方案的选择?

二、计算分析题

1. 目的：练习设备更新的决策方法。

资料：某机器为5年前购入，原价1万元，可使用10年，期满无残值，因机器老化陈旧，第6年起每年需支出使用费3000元。如第6年初投资6000元购置一台新机器则可使旧机器作价2000元出售，新机器可使用5年，效率与旧机器相同，但每年使用费只需1500元，5年后有残值1000元。设该企业的所得税税率为25%，采用14%的折现率。

要求：判断分析使用新机器是否经济。

2. 目的：练习设备更新的决策方法。

资料：某公司拟用新设备取代已使用3年的旧设备。旧设备原价为1.495万元，当前估计尚可使用5年，每年运行成本为2150元，预计最终残值为1750元，目前变现价值为8500元；购置新设备需花费1.375万元，预计可使用6年，每年运行成本为850元，预计最终残值为2500元。该公司预期报酬率为12%，所得税税率为25%。税法规定该类设备应采用直线法计提折旧，折旧年限为6年，残值为原价的10%。

要求：做出设备是否更新的决策，并列出计算分析过程。

参考文献

[1]中国注册会计师协会,2018. 财务成本管理[M]. 北京:中国财政经济出版社.

[2]余炳文,2017. 项目评估(第2版)[M]. 大连:东北财经大学出版社.

[3]戚安邦,2018.项目评估学[M]. 北京:科学出版社.

[4]简德三,2016. 投资项目评估(第3版)[M]. 上海:上海财经大学出版社.

[5]戴维·罗伊新,布鲁斯·A.赛义,德博拉·K.帕吉特,2018. 项目评估:循证方法导论(第6版)[M]. 王海霞,王海洁,译.北京:中国人民大学出版社.

[6]成其谦,2017. 投资项目评价(第5版)[M]. 北京:中国人民大学出版社.

[7]王华,2017. 建设项目评估(第2版)[M]. 北京:北京大学出版社.

[8]苏益,2017. 投资项目评估(第3版)[M]. 北京:清华大学出版社.

[9]王立国,2016. 项目评估理论与实务(第4版)[M]. 北京:首都经济贸易大学出版社.

[10]王勇,2017. 投资项目可行性分析——理论精要与案例解析(第3版)[M]. 北京:电子工业出版社.

[11]王勇,王兆阳,2016. 项目经济性分析与评价[M]. 北京:中国建筑工业出版社.

[12]路君平,2013. 项目评估与管理(第2版)[M]. 北京:中国人民大学出版社.

[13]熊惠平,2012. 项目投资实务[M]. 杭州:浙江大学出版社.

[14]刘春慧,2017. 资产评估[M]. 北京:中国财政经济出版社.

[15]刘艳博,2017. 投资项目评估[M]. 北京:清华大学出版社.

[16]李晓蓉,2017. 投资项目评估[M]. 南京:南京大学出版社.

[17]陈晓莉,2017. 投资项目评估[M]. 重庆:重庆大学出版社.

[18]王瑶琪,李桂君,2011. 投资项目评估[M]. 北京:中国金融出版社.

[19]周春喜,2010. 投资项目评估(第2版)[M]. 杭州:浙江大学出版社.

[20]周惠珍,2013. 投资项目评估(第5版)[M]. 大连:东北财经大学出版社.

附表

附表一 复利终值系数表

期数	1%	2%	3%	4%	5%	6%	7%	8%	9%	10%	12%	14%	15%	16%	18%	20%	24%	28%	32%	36%
1																				
2																				
3																				
4																				
5																				
6																				
7																				
8																				
9																				
10																				
11																				
12																				
13																				
14																				

续　表

期数	1%	2%	3%	4%	5%	6%	7%	8%	9%	10%	12%	14%	15%	16%	18%	20%	24%	28%	32%	36%
15																				
16																				
17																				
18																				
19																				
20																				
21																				
22																				
23																				
24																				
25																				
26																				
27																				
28																				
29																				
30																				
40																				
50																				
60																				

附表二　复利现值系数表

期数	1%	2%	3%	4%	5%	6%	7%	8%	9%	10%	12%	14%	15%	16%	18%	20%	24%	28%	32%	36%
1																				
2																				
3																				
4																				
5																				
6																				
7																				
8																				
9																				
10																				
11																				
12																				
13																				
14																				
15																				
16																				

续 表

期数	1%	2%	3%	4%	5%	6%	7%	8%	9%	10%	12%	14%	15%	16%	18%	20%	24%	28%	32%	36%
17																				
18																				
19																				
20																				
21																				
22																				
23																				
24																				
25																				
26																				
27																				
28																				
29																				
30																				
40																				
50																				
60																				

附表三 年金终值系数表

期数	1%	2%	3%	4%	5%	6%	7%	8%	9%	10%	12%	14%	15%	16%	18%	20%	24%	28%	32%	36%
1																				
2																				
3																				
4																				
5																				
6																				
7																				
8																				
9																				
10																				
11																				
12																				
13																				
14																				
15																				
16																				

续　表

期数	1%	2%	3%	4%	5%	6%	7%	8%	9%	10%	12%	14%	15%	16%	18%	20%	24%	28%	32%	36%
17																				
18																				
19																				
20																				
21																				
22																				
23																				
24																				
25																				
26																				
27																				
28																				
29																				
30																				
40																				
50																				
60																				

附表四　年金现值系数表

期数	1%	2%	3%	4%	5%	6%	7%	8%	9%	10%	12%	14%	15%	16%	18%	20%	24%	28%	32%	36%
1																				
2																				
3																				
4																				
5																				
6																				
7																				
8																				
9																				
10																				
11																				
12																				
13																				
14																				
15																				
16																				

续 表

期数	1%	2%	3%	4%	5%	6%	7%	8%	9%	10%	12%	14%	15%	16%	18%	20%	24%	28%	32%	36%
17																				
18																				
19																				
20																				
21																				
22																				
23																				
24																				
25																				
26																				
27																				
28																				
29																				
30																				
40																				
50																				
60																				